Über dieses Buch

Die jeweilige Obrigkeit auf das menschliche Maß zu reduzieren, ist Kennzeichen des politischen Witzes. So erzählte man sich im Dritten Reich, Goebbels sei nur deswegen Ehrenbürger der »Spargelstädte« Braunschweig und Beelitz geworden, weil er den Spargel quer essen könne. Die Herausgeber dieses Bandes haben nach einem »klassischen Vorspiel« fünfhundert politische Witze aus dem neunzehnten und zwanzigsten Jahrhundert gesammelt und nach Ursprungsländern geordnet. Innerhalb der so entstandenen Kapitel ergibt die chronologische Folge einen heiter pointierten geschichtlichen Abriß bis zur Gegenwart. Das Nachwort bietet eine kleine Analyse des politischen Witzes und verweist auf seine psychologischen, sprachlich-künstlerischen und historischen Aspekte. Nur in diktatorisch regierten Staaten, in denen der Witz einmal verboten und dann doch wieder in gewissen Grenzen erlaubt wird, kann zum Beispiel folgende Pointe entstehen: »Was gibt's für einen neuen Witz? – Ein Jahr Gefängnis.«

Milo Dor/Reinhard Federmann:
Der politische Witz

Mit einem Vorwort
von Werner Finck

Deutscher
Taschenbuch
Verlag

dtv

1. Auflage Mai 1966
9. Auflage Januar 1982: 93. bis 98. Tausend

Umschlaggestaltung: Celestino Piatti
Gesamtherstellung: C. H. Beck'sche Buchdruckerei, Nördlingen
Printed in Germany · ISBN 3-423-00358-8

Inhalt

Vorwort
Von Werner Finck

Wovor muß ein Politiker auf der Hut sein:
vor freien Wahlen, vor freien Meinungsäußerungen, vor Fanatikern. Und vor Witzen.
In einem totalitären Staat kann er die Wahlen verfälschen, die Meinungsäußerungen knebeln, die Fanatiker unschädlich machen.
Nur gegen den Witz ist er machtlos. Allenfalls kann er den Witzerzählern an den Kragen. Die Witze selbst entziehen sich jeder Verfolgung.

Die lauteste Propaganda, die gängigste Phrase, die raffinierteste Lüge: – ein treffender Witz, und sie werden lächerlich, das Schlimmste, was ihnen passieren kann!
Der routinierteste Dialektiker, der noch jedes gegnerische Argument wegdiskutiert – ein guter Witz kann ihn fertigmachen.
Wir haben es also mit einem Phänomen ersten Ranges zu tun.
Andererseits – was ist schon ein »Witz«? Wer bewertet schon »Witze«?
Die Literatur? Die gibt sich gerade noch mit der Anekdote ab und dem Aphorismus (die Renaissance bildete eine Ausnahme).
Vielleicht liegt das an unserer Sprache, die keine Unterschiede macht zwischen guten und schlechten, dummen und klugen, eleganten und plumpen Witzen, geistvollen Einfällen und blödesten Kalauern. Sie schmeißt sie alle in einen Topf: »Witze«.
Der Witzige wird zum Witzbold, der Witze reißt oder witzelt.
Die Franzosen sind da sensibler. Wo wir nur den plumpen Sammelbegriff »Witze« kennen, unterscheiden sie deutlich zwischen »esprit«, »bonmot«, »aperçu« etc.
Es gibt genug witzige Autoren, die in gesammelten Werken vertreten sind, sicher, aber hätte einer von ihnen seine gesammelten Witze herausgegeben?
Nun gibt es immer wieder Sammlungen von Witzen. Sie erscheinen auf dem Büchermarkt; aber das ist meistens anspruchslose Ware. Oder der Versuch, so etwas literarisch zu machen, geht auf Kosten der Witze.

Anders der politische Witz, als Begleiterscheinung der Diktaturen und Diktatoren, also jüngeren Datums. Mit ihm verbindet sich meistens ein Stück Zeitgeschichte. In seinem aktuellen Stadium ist er eine brauchbare Waffe. Wird er erwischt, deklariert er sich als harmloser Spaß. Die ihn strafrechtlich verfolgen, müssen es außerdem auf sich nehmen, als humorlos zu gelten. Wer will das? Die am wenigsten Humor besitzen, legen bekanntlich den größten Wert darauf, ihn zu haben. (Goebbels hat sich wiederholt dagegen verwahrt, humorlos zu sein; nur wäre eben, was seine Gegner dafür hielten, keiner.)
So 'rum!
Sie verstehen.
Autoritäre Regierungen können nicht so klug sein, wie sie es vorgeben, sonst müßten sie den politischen Witz tolerieren. Als ein Ventil des angestauten Unmuts. Lachende Menschen sind ungefährlicher als zornige. Aber die Diktatoren tun das Gegenteil, sie verfolgen den politischen Witz mit aller Schärfe. Wer selbst einmal im Konzentrationslager gesessen hat wegen dieses Delikts, weiß ein Lied davon zu singen. Und wie viele sind schon im Zuchthaus gelandet, sogar hingerichtet worden, wegen einer einzigen politischen Pointe.
Solche Umstände geben dem politischen Witz ein Gewicht, das den anderen Witzen fehlt. Viele von ihnen heißen auch bloß Witz, weil sie dessen Technik haben. Oftmals ist aber diese Bezeichnung irreführend. Da ist, um nur ein Beispiel zu nennen, die bekannte Geschichte jenes von Hitler vertriebenen Emigranten in New York, in dessen Zimmer der fassungslose Freund ein großes Hitlerbild findet, worauf der andere sich entschuldigt: »... falls ich einmal Heimweh bekommen sollte ...«
Oder: Der verhaßte Tyrann ist am Ertrinken. Er wird im letzten Augenblick gerettet. Erst am Ufer erkennt der Lebensretter, mit wem er es zu tun hat. Als der Diktator zum Dank einen Wunsch erfüllen will, bittet ihn der Retter, ja niemandem davon zu erzählen, daß er ihn gerettet hat.
Oder: Die Mutter wird von ihrem Kind gefragt: »Was ist Friede?« – »Die Zeit, bis der nächste Krieg ausbricht.«
Gewiß sind solche Geschichten, wie sie in diesem Buch hier gesammelt sind, einmal als Witze auf die Welt gekommen. Aber sind sie nicht mehr? Was unterscheidet die besten unter ihnen von den Kalendergeschichten Johann Peter Hebels oder von den Brechtschen Geschichten des Herrn Keuner?
Die gehören der Literaturgeschichte an.

Tut man diesen Einfällen, diesen kürzesten der Kurzgeschichten nicht unrecht, wenn man sie als bloße »Witze« abtut? Warum findet man sie nicht in unseren Schullesebüchern? Was für ein lebendiges Anschauungsmaterial! Wie der politische Witz in seinem aktuellen Stadium ein kunstvolles Propagandagebäude mit einer Pointe zu Fall bringen kann, Abgründe blitzschnell und blitzhell sichtbar werden läßt, so macht er im geschichtlichen Stadium ebenso schnell jedem einleuchtend klar, was auf andere Weise wesentlich schwerer aufzuzeigen wäre. Es ist in diesem Zusammenhang interessant, nachzulesen, was Jean Paul (in Levana oder Erziehlehre) über den Witz als hervorragendes Lehrmittel im Schulunterricht geschrieben hat; seitenlang; sehr ernsthaft.

Leider ist aber wohl das Vorurteil unausrottbar, daß der Witz gewiß eine Quelle unseres Vergnügens, aber ebenso gewiß kein moralischer Faktor sei.

Liegt es daran, daß auch der beste Witz nicht überzeugt, »so sehr ist man gewohnt, daß Satiren sich auf falsche Voraussetzungen gründen« (Vauvenargues)?

Beschließen wir unser Kapitelchen mit den Worten Kleists – der einige Witze als Anekdoten niedergeschrieben hat –: »Witz, wenn du dich in die Luft erhebst, wie stehen die Weisen und blicken dir nach.«

Zu dieser Sammlung

Wenn zwei Subjekte sich zusammentun, um etwa fünfhundert politische Witze herauszugeben, wird diese Sammlung subjektiv. Sie ist es nicht nur in der Formulierung, sondern auch in ihrer Auswahl.

Witze haben immer das gleiche Ziel, wenn sie politisch gemünzt sind: die jeweilige Obrigkeit auf menschliches Maß zu reduzieren. Trotzdem sind sie in jeder Zeit und in jedem Land anders: immer wieder neu.

Wir sind deshalb so verfahren, die Witze zunächst nach ihren Ursprungsländern einzuteilen: vielleicht kommen dadurch nationale Eigenheiten zum Ausdruck. Innerhalb der Kapitel sind wir chronologisch vorgegangen und glauben, damit so etwas wie einen geschichtlichen Abriß zu bieten. Wo es uns nötig schien, das jeweilige Milieu zu charakterisieren, haben wir den Begriff »Politik« auf Wirtschaft und Militär ausgedehnt. Um die Macht geht es schließlich in allen diesen Fällen.

MD. und RF.

Klassisches Vorspiel

Schlechte Zeugen sind den Menschen Augen und Ohren, wenn sie Barbarenseelen haben.

Fordern doch die Ärzte, wenn sie die Kranken auf ihre Art schneiden und brennen und schlimm quälen, noch Lohn dazu; während sie doch nur deshalb etwas zu erhalten verdienen, weil sie durch die Schädigung Gutes bewirken, also durch Verletzen und Krankmachen heilen.
Heraklit

Pyrrhus erklärt dem Kineas aus Thessalien seine Pläne zur Eroberung Italiens.
»Und was werden wir tun«, fragt Kineas den König, »wenn wir Rom erobert haben?«
»Rom? Sobald wir Rom erobert haben, liegt uns ganz Italien zu Füßen!«
»Schön. Und dann?«
»Dann nehmen wir uns Sizilien vor.«
»Großartig. Sizilien ist also das eigentliche Ziel des Feldzugs?«
»Keine Spur! Sizilien ist nur ein Sprungbrett nach Karthago. Und dann kommt Libyen dran.«
»Wunderbar. Und was machen wir dann?«
»Dann haben wir keine Feinde mehr zu fürchten.«
»Ein herrliches Gefühl! Und was machen wir dann?«
»Dann? Dann werden wir feiern!«
»Ich bin begeistert von deinen Plänen! Du bist wirklich der größte König aller Zeiten. Nur eines verstehe ich nicht: Warum feiern wir nicht gleich?«

Pyrrhus wird aufgefordert, einen notorischen Stänkerer des Landes zu verweisen.
»Laßt ihn da«, entscheidet Pyrrhus. »Es ist besser, er schimpft hier über uns als bei Fremden.«

Anführer der spartanischen Abordnung, die nach Persien geschickt wurde, war Polykratidas.

Die Perser fragten ihn:
»Kommt ihr als Abgesandte eures Staates oder in eurem eigenen Namen?«
»Das kommt darauf an«, sagte Polykratidas. »Wenn unsere Verhandlungen günstig verlaufen, dann sind wir selbstverständlich als Abgesandte des Staates gekommen. Verlaufen sie aber ungünstig, dann sind wir im eigenen Namen gekommen.«

»Ich habe mich in Sparta umgesehen«, sagt ein Fremdling zu dem Spartaner Theopompos, »und ich bin zu der Erkenntnis gekommen, daß die Herrschaft des Königs auf seiner Weisheit beruht. Ist es nicht so?«
»Nein«, sagt Theopompos. »Auf der Dummheit des Volkes.«

Demosthenes warnt den radikalen Politiker Phokion: »Die Athener werden dich noch umbringen, wenn sie einmal irr vor Wut werden!«
»Das kann schon sein«, erwidert ihm Phokion. »Aber wenn sie wieder bei Verstand sind, dann bringen sie dich um.«

Cato führt einen Besucher durch Rom. Auf Schritt und Tritt begegnen die beiden Bildsäulen. Cato erklärt dem Besucher jedesmal geduldig, wen die betreffende Bildsäule darstellt.
»Und dir, dem berühmten Cato«, fragt der Besucher, »dir hat man noch keine Bildsäule errichtet?«
»Nein, und es ist mir auch lieber, daß ich keine habe. Sonst würde etwa noch ein Dummkopf durch Rom gehen und fragen: Wer ist das?«

Ein Römer steht wegen Betrugs vor Gericht. Er beteuert zwar lauthals seine Unschuld, hat aber, um sicherzugehen, vorher mehrere Richter bestochen.
Schließlich wird er mit zwei Stimmen Mehrheit freigesprochen.
»Was für ein Unglück!« jammert er. »Habe ich also richtig einen zu viel bestochen!«

Nach seinem Sieg ließ Gajus Julius Cäsar alle Bildsäulen seines Gegners Pompejus, die das Volk umgeworfen hatte, wieder aufrichten.
Einem Römer, der Cäsars Großmut rühmte, sagte Cicero:
»Das ist doch selbstverständlich. Cäsar muß ja auch daran denken, was sein Nachfolger mit seinen Bildsäulen tun wird.«

Andron von Laodicea kam nach Rom, um beim allmächtigen Cäsar vorstellig zu werden, er möge seiner Heimatstadt die Freiheit geben.
Ehe er den schweren Weg antrat, beriet er sich mit Cicero.
»Wenn du bei Cäsar Glück gehabt hast«, sagte dieser, »dann könntest du eigentlich versuchen, auch Roms Freiheit zu erwirken!«

Antonius Pius verbot, nachdem die Verschwörung des Priscianus entdeckt worden war, alle weiteren Nachforschungen. Die Senatoren bestürmten ihn, von seiner Macht Gebrauch zu machen. »Du mußt doch deine Feinde entlarven!« riefen sie.
»Warum? Nur damit ich erfahre, wer unter euch mich noch haßt?«

»Wir Herrscher sind nicht zu beneiden«, sagte Domitian. »Nehmen wir an, einer von uns entdeckt eine Verschwörung. Aber wer glaubt ihm schon? Niemand, ehe der Herrscher nicht in seinem Blut liegt!«

Nach ihrem Tod wurden die römischen Cäsaren zu Göttern erklärt.
Kaiser Vespasian wurde vergiftet.
Als er merkte, wie es um ihn stand, sagte er:
»Ich fühle, daß ich ein Gott werde!«

Unter der Schreckensherrschaft des Caligula wurde einmal irrtümlich ein Römer hingerichtet, der selbst in den Augen des Herrschers unschuldig gewesen wäre. »Macht nichts«, sagte Caligula. »Diese Strafe verdient jeder.«

Nero verliebte sich in einen jungen Sklaven so sehr, daß er ihn in aller Öffentlichkeit heiratete.
An der Festtafel flüsterte Seneca seinem Nachbarn zu: »Das hätte schon sein Vater machen sollen!«

Auf dem Höhepunkt seines Terrors hat Nero panische Angst, ermordet zu werden. In einem Augenblick der Aufrichtigkeit gesteht er Seneca, daß er sich mit dem Gedanken trage, alle seine Senatoren umbringen zu lassen.
»Das mag dir wohl gelingen«, sagt Seneca. »Du kannst alle umbringen. Nur nicht deinen Nachfolger.«

Die Menschen sind so einfältig und so auf die Nöte des Augenblicks eingestellt, daß einer, der sie täuschen will, immer einen finden wird, der sich täuschen läßt.
Niccolo Machiavelli (1469–1527): Il principe

Die schlechte Meinung, die man von den Eigenschaften des Volkes hat, rührt davon her, daß ein jeder von den Völkern frei und unbesorgt Böses aussagen kann, selbst in der Zeit, in der sie die Herren sind; über die Fürsten aber äußert man sich immer nur unter tausend Ängsten und tausend Rücksichten.
Niccolo Machiavelli: Discorsi sopra la prima decade di Tito Livio

Der Intellektuelle war durch die Aufgaben und die Aspirationen, mit denen er im Lauf der Zeiten zu tun gehabt hat, stets zugleich die wichtigste Stütze der Tyrannis und deren furchtlosester Feind. Da er sich als Träger einer absoluten Wahrheit sah, hatte er die Anmaßung, die Macht in der Hoffnung zu unterstützen, daß sie teilweise oder ganz die Ordnung verwirkliche, die er nach und nach als die ideale, die vernunftgemäße konzipiert hatte. Aber wenn er dann auch bedachte, daß die Wahrheit dauernd gesucht und verbessert werden muß, hat er in der Macht (besonders seit der Renaissance) das größte Hindernis für die Wahrheitssuche gesehen und zugleich jeder Notwendigkeit von Änderungen, die sich aus der Wahrheitssuche für die irdische Ordnung der Dinge ergeben.
Heute wird die Natur des Intellektuellen zerrissen von dem, was in ihm noch von der alten Berufung, Ratgeber der Tyrannis zu sein, fortwirkt, und dem, was sich in seinen Adern dauernd von dem ebenfalls alten Impuls erneuert, jede Form der Tyrannis zu bekämpfen, um mit ihr den Samen der Lüge zu vernichten. Darum kann er so beunruhigt sein: und jetzt Wasser auf die Mühlen des Staates und der Parteien zu schütten, in denen es eine totalitäre Macht gibt, morgen dagegen leidenschaftlich eine Wahrheit verkünden, die das Prestige jener Parteien vernichtet.
Elio Vittorini: Die Macht und die Intellektuellen. 1956

Ein guter Freund empfiehlt Lorenzo de' Medici einen Bravo. »Wenn Ihr ihm ein Glas Wein gebt«, sagt er, »wird er alles tun, was Ihr von ihm verlangt!«
»Alles gut und schön«, erwidert Lorenzo de' Medici. »Aber was tue ich, wenn meine Feinde ihm eine ganze Flasche geben?«

Ein Kritiker sagt zu Machiavelli:
»Ihr habt große Schuld auf Euch geladen. Ihr habt die Tyrannen gelehrt, wie sie zur Macht kommen können.«

»Da habt Ihr ganz recht«, antwortet Machiavelli. »Allerdings habe ich auch gelehrt, wie man die Tyrannen wieder los wird.«

Ein Journalist fragte den italienischen linksradikalen Politiker Crispi nach seinen Ansichten.
»Sind Sie ein Anhänger von Mazzini?« fragte er.
»Nein«, erwiderte Crispi.
»Sind Sie ein Anhänger von Garibaldi?«
»Nein«, sagte Crispi.
»Was sind Sie dann sonst?«
»Crispi.«

Ende des 19. Jahrhunderts. Im italienischen Parlament ergeht sich ein Abgeordneter in wüsten Tiraden gegen Österreich. Der Präsident unterbricht ihn und ersucht ihn, sich an die parlamentarischen Anstandsregeln zu halten.
»Ich bitte um Vergebung, Herr Präsident«, sagt der Abgeordnete. »Ich bitte auch alle Herren Kollegen um Verzeihung, ich bitte die ganze Welt um Verzeihung – die Österreicher selbstverständlich ausgenommen!«

Graf Carlo Sforza, nach dem Zweiten Weltkrieg italienischer Außenminister, war während des Ersten Weltkriegs Vertreter Italiens bei der serbischen Exilregierung auf der Insel Korfu. Einmal ging er mit dem serbischen Ministerpräsidenten Paschitsch spazieren und fragte ihn:
»Sagen Sie, Exzellenz, es war doch im Jahre neunzehnhundertvierzehn, zwei Tage vor dem Attentat von Sarajevo, in Wien bekannt geworden, daß das Attentat geplant war. Wie konnte man das im voraus wissen?«
»Sehen Sie, Graf: es ist doch auch nicht unbekannt, daß jedes Jahr Frühling, Sommer, Herbst und Winter hat.«

Schützengraben an der Isonzo-Front. Die italienischen Linien liegen unter mörderischem österreichischem Artilleriefeuer. Ein junger italienischer Hauptmann feuert seine Bersaglieri an, die österreichischen Gräben zu stürmen. Schließlich zieht er den blanken Säbel und springt mit dem Ruf: »Mir nach!« aus dem Graben. Die Bersaglieri sehen ihm nach, wie er unter dem Hagel der österreichischen Schrapnelle mit geschwungenem Säbel vorstürmt, klatschen begeistert und schreien einstimmig:
»Bravo, Capitano!«

Ära Mussolini.
In einem Café schimpft ein Mann laut auf die Regierung. Ein anderer Mann geht auf ihn zu und ermahnt ihn zur Ruhe. Der Nörgler schimpft in den höchsten Tönen weiter.
Der andere schlägt seinen Revers zurück, zeigt die Marke der Geheimpolizei und sagt:
»Tut mir leid, ich muß Sie verhaften.«
»Tun Sie mir das nicht an!« ruft der Nörgler. »Ich habe eine große Familie zu ernähren! Meine Eltern, die Eltern meiner Frau, fünf Kinder, von der übrigen Verwandtschaft gar nicht zu reden!«
»Das hätten Sie sich früher überlegen müssen!«
»Aber ich bitte Sie – ich gebe Ihnen, was ich bei mir habe – dreihundert Lire! Drücken Sie ein Auge zu und lassen Sie mich laufen.«
»Sie haben den Duce einen Trottel genannt! Kommen Sie mit!«
Die beiden verlassen zusammen das Lokal.
Draußen ändert der Geheimpolizist seinen Ton.
»Wo sind die dreihundert Lire?« flüstert er. »Geben Sie sie her, und ich werde sehen, was ich für Sie tun kann.«
Der Freigelassene bedankt sich überschwenglich, nimmt dreihundert Lire aus der Brieftasche und reicht sie dem Geheimpolizisten.
Der Geheimpolizist steckt das Geld ein.
»Verschwinden Sie!«
Der Freigelassene denkt aber nicht daran zu verschwinden, sondern schlägt nun seinen Revers zurück und zeigt die Marke der Geheimpolizei.
»Für dreihundert Lire verkaufen Sie den Duce, das Vaterland und die Nation? Ich verhafte Sie wegen Bestechlichkeit!«

Mussolini stattet dem König einen Höflichkeitsbesuch ab, und danach machen die beiden einen Spaziergang im königlichen Garten. Dabei fällt dem König das Taschentuch hinunter. Der Duce bückt sich, hebt es auf und überreicht es dem König. Der König bedankt sich überschwenglich:
»Herzlichen Dank, Signor Mussolini, Sie wissen gar nicht, welchen großen Gefallen Sie mir damit getan haben!«
»Wieso? Hängen Majestät so an einem Taschentuch?«
»Natürlich. Weil es das einzige ist, in das ich noch meine Nase stecken kann!«

Die Königin schimpft mit König Viktor Emanuel:
»Wie kommst du dazu, Mussolini zu erlauben, Krieg mit Abessinien anzufangen?«
»Was habe ich ihm schon zu erlauben oder zu verbieten?« verteidigt sich der König; »er macht doch immer, was er will! Außerdem – wenn wir den Krieg gewinnen, dann bin ich Kaiser von Abessinien!«
»Ach so«, sagt die Königin, »das ist etwas anderes. Was geschieht aber, wenn wir den Krieg verlieren?«
»Dann bin ich König von Italien!«

Zwei pensionierte Professoren sitzen in einer Taverne, trinken vor sich hin und sinnieren.
»Erinnern Sie sich noch, Herr Kollege«, fragt der eine, »was Pallavicini im Jahr 1859 gesagt hat?«
»1859? Warten Sie ... was hat er nur gesagt?«
»Es gibt nur einen Mann, der die Fehler Cavours gutmachen könnte, und das ist Cavour!«
»Wie meinen Sie das? Soll das eine Anspielung auf Mussolini sein?«
»Nein, das wäre doch gar nicht möglich. Um Mussolinis Fehler gutzumachen, bedarf es mindestens zweier Männer.«
»Zweier Staatsmänner?«
»Nein, zweier Carabinieri!«

Ein Schauspieler hat eine frappierende Ähnlichkeit mit Mussolini. Immer wieder wird er mit dem Duce verwechselt. Eine Verehrerin drängt sich an ihn heran:
»Sie müssen doch darüber unsagbar glücklich sein!« haucht sie.
»Glücklich? Wieso?«
»Na hören Sie! Wo Sie hinkommen, werden Sie jubelnd begrüßt! Überall Applaus! Eine begeisterte Menschenmenge!«
»Na ja, im Theater schon. Aber nachts, wenn ich allein nach Hause gehe ...?«

Mussolini ist schwer krank. Ein Konsilium wird zusammengetrommelt. Die Ärzte tuscheln aufgeregt miteinander:
»Muß man ihn operieren?«
»Ich bin absolut dagegen!«
»Ich bin absolut dafür!«
»Aber um Himmels willen, Kollege, da könnte doch ein großes Unglück passieren!«

»Wieso? Haben Sie denn Angst, daß die Operation mißlingt?«
»Im Gegenteil, ich befürchte, sie könnte gelingen!«

Auf dem Markt gibt es keine Melanzane. Es gibt auch keine Artischocken. Es gibt nicht einmal Tomaten.
Eine Frau fängt an, laut zu schimpfen:
»Daran ist nur dieses Schwein schuld! Dieses Aas! Dieser gottlose Verbrecher!«
Ein Geheimpolizist tritt auf sie zu:
»Gestatten Sie, Signora«, sagt er mit süffisantem Lächeln, »wen meinen Sie da eigentlich?«
»Wen?« fragt die Frau erschrocken, faßt sich aber gleich wieder. »Meinen Mann natürlich!«
Der Geheimpolizist wird nun selbst blaß, tritt einen Schritt zurück und salutiert ehrerbietig:
»Verzeihen Sie tausendmal, daß ich Sie nicht sofort erkannt habe, Donna Rachele!«

Zwei Römer im Café:
»Haben Sie gehört, Signor Zupparelli, der Heilige Vater soll zu Gott beten, daß er dem Duce endlich die Augen öffne!«
»Jetzt?« fragt Signor Zupparelli. »Wo alle darum beten, daß er sie ihm endlich schließt?«

Mussolini inspiziert ein Irrenhaus. Alles klappt wie am Schnürchen: der Boden glänzt wie ein Spiegel, die Schwestern rauschen in frischgestärkten Röcken umher, die Irren heben wie ein Mann den Arm zum Römischen Gruß. Nur einer rührt sich nicht. Mussolini fährt ihn an:
»Weißt du nicht, wer ich bin? Wo bleibt der Römische Gruß? Vor dir steht der wiedererstandene Cäsar!«
»Schon gut«, erwidert der Irre gelassen, »ich weiß schon. Ich habe mich gestern für Napoleon gehalten, aber heute geht's mir schon wesentlich besser!«

Während der Konferenz von Jalta kam einer der westlichen Verhandlungspartner auf den Papst zu sprechen. »Wer ist schon der Papst?« fragte Stalin. »Wieviel Divisionen hat er?«
Dieser Ausspruch wurde dem Papst berichtet.
Als der Papst im März 1953 die Nachricht vom Tode Stalins erhielt, sagte er:
»Jetzt wird er sehen, wieviel Divisionen wir haben.«

Mit Mussolini ist es zu Ende. Badoglio ist an der Macht. Zwei italienische Aristokraten debattieren:
»Das war ja vorauszusehen«, sagt Graf d'Ampezzo. »Schließlich war er nichts weiter als ein Autodidakt.« »Da haben Sie ganz recht«, erwidert Baron Guglielmo Floriani. »Und er war der schlechteste Lehrer, den man sich vorstellen kann, und zugleich sein schlechtester Schüler.«

Ein italienischer Leutnant in der Instruktionsstunde: »Was machen Sie, Pitigrilli, wenn Sie an der Front einem feindlichen Soldaten begegnen?«
»Ich mache ihn nieder!«
»Gut, Pitigrilli. Und was tun Sie, wenn Sie einem ganzen feindlichen Bataillon begegnen?«
»Ich mache es nieder!«
»Aber, Pitigrilli! Das können Sie doch nicht allein! Sie müssen sich den Rückzug erkämpfen und Verstärkung herbeiholen.«
»Jawohl, Herr Leutnant!«
»Schön. Und was machen Sie, wenn Sie einer feindlichen Kuh begegnen?«
»Ich mache sie nieder!«
»Schon wieder falsch! Sie müssen ihr einen Strick um die Hörner binden und sie ins Lager führen.«
»Jawohl, Herr Leutnant!«
»Gut. Und was machen Sie, Pitigrilli, wenn Sie an der Front *mir* begegnen?«
»Ich mache Sie nieder!«
»Unsinn! Ich bin doch kein Feind! Denken Sie nach, Pitigrilli!«
»Ich erkämpfe mir den Rückzug und hole Verstärkung herbei!«
»Blödsinn! Ich bin doch kein feindliches Bataillon!«
»Ah, ich weiß schon, Herr Leutnant! Ich binde Ihnen einen Strick um die Hörner und führe Sie ins Lager!«

Der Reporter einer deutschen Teenager-Illustrierten fährt mit umgehängter Kamera kreuz und quer durch Italien und macht Interviews.
»Sind Sie deutschfeindlich?« fragt er einen biederen italienischen Wirt.
»Aber ich bitte Sie! Jetzt, in der Hochsaison?«

Ein christlich-demokratischer Minister führt Chruschtschows Schwiegersohn Adschubej samt Begleitung durch Rom. Die

Gesellschaft gelangt auf die Via Appia, wo ein Mahnmal daran erinnert, daß an dieser Stelle im Jahr 1944 vierhundert italienische Partisanen von den Deutschen erschossen worden sind. Der Minister, der sich schon müde geredet hat, um sich dem prominenten Gast anzubiedern, sieht plötzlich seine Chance und sagt:
»Hier, auf der Via Appia, wo die Mordgesellen vierhundert Freiheitskämpfer umgebracht haben, hier, auf der Via Appia, wo der heilige Apostel Paulus ...« – ein Blick auf die eisige Miene des Chefredakteurs der Iswestija – »*angeblich* gepredigt hat ...«

Ein Abgeordneter der Democristiani hält eine Wahlrede in einem Betrieb.
»In den letzten Jahren haben wir Ungeheures geleistet«, sagt er. »Allein in der abgelaufenen Legislaturperiode haben wir den Lebensstandard um vier Komma fünf Prozent erhöht!«
»Wo ist das Geld hingekommen?« fragt in der Diskussion ein Arbeiter.
»Das kann ich Ihnen gleich sagen, lieber Freund«, erwidert der Abgeordnete. »Vier Prozent sind an die Industrie gegangen, und null-fünf haben die Gewerkschaften eingesteckt.«
»Aha«, sagt der Diskussionsteilnehmer, »und was haben die Arbeiter bekommen?«
»Das Komma.«

Di Vittorio machte als Gewerkschaftsfunktionär eine glänzende Karriere.
Journalisten umdrängten seine Mutter und beglückwünschten sie zu ihrem erfolgreichen Sohn.
»Wenn ich gewußt hätte, daß er das Zeug dazu hat, hochzukommen«, sagte die Matrone, »dann hätte ich ihn, ob Sie mir's glauben oder nicht, in die Schule geschickt!«

Der gute Junker versank so tief in seine Bücher, daß er nächte- und tagelang, vom Abend bis an den Morgen, und vom Morgen bis an den Abend, damit zubrachte, und sich endlich durch vieles Lesen und wenig Schlaf das Gehirn dergestalt austrocknete, daß er den Verstand verlor. Er füllte sich den Kopf mit all dem Zeuge an, das er in seinen Büchern fand, als da sind Bezauberungen, Fehden, Schlachten, Herausforderungen, Wunden, Zärtlichkeiten, Liebeshändel, Qualen und andere Tollheiten mehr; und so tief arbeitete er sich hinein, daß ihm endlich dieser Wust von Hirngespinsten als die zuverlässigste Geschichte von der Welt galt. Endlich, als sein Verstand völlig auf die Neige ging, geriet er auf den seltsamsten Einfall, den je ein Narr in der Welt gehabt. Es schien ihm nämlich angemessen und nötig, sowohl zur Verherrlichung seines eigenen Namens, als auch zu Nutz und Frommen des gemeinen Wesens, daß er selbst ein fahrender Ritter werde und in der ganzen Welt herumziehe mit Wehr und Roß, um Abenteuer zu suchen und all das zu erfüllen, was, wie er gelesen, fahrende Ritter zu tun pflegten, allem Unrecht zu steuern und sich in Fährlichkeiten zu stürzen, durch deren Überwindung er ewigen Ruhm und Glorie sich erwerben werde. Schon sah der arme Mann als Preis für die Tapferkeit seines Armes zum wenigsten die Kaiserkrone von Trapezunt auf seinem Haupte, und berauscht von diesem Glücke, das er schon im voraus genoß, eilte er, so sehr er konnte, sein Vorhaben ins Werk zu richten.
Miguel de Cervantes: Don Quijote

Die europäischen Nationen gehen einer Epoche großer innerer Schwierigkeiten mit überaus heiklen Problemen wirtschaftlicher, rechtlicher und politischer Art entgegen. Wie sollte man nicht fürchten, daß der Staat unter der Herrschaft der Massen alle unabhängigen Individuen und Gruppen erdrücken und so die Zukunft zu einer Wüste machen wird!

Ein konkretes Beispiel für diesen Mechanismus liefert uns eine der beunruhigendsten Erscheinungen der letzten dreißig Jahre: die enorme Vermehrung der Polizei in allen Ländern. Die wachsende Ausdehnung der Gemeinwesen hat unentrinnbar dazu geführt. So sehr wir daran gewöhnt sind, wir sollten doch nicht das Gefühl für den beklemmenden Widersinn der Tatsachen verlieren, daß die Einwohner einer heutigen Großstadt, um friedlich auf der Straße gehen und ihre Geschäfte besorgen zu können, einen Polizisten brauchen, der den Verkehr regelt. Der »ordnungsliebende Bürger« glaubt in seiner Harmlosigkeit, daß diese »Organe der öffentlichen Ordnung«, die für die Ordnung ins Leben gerufen sind, sich damit begnügen werden, immer die Ordnung herzustellen, die ihm zusagt. Aber es wird unvermeidlich dahin kommen, daß sie selbst die Ordnung bestimmen, die sie herstellen – und das wird zuverlässig die sein, die ihnen paßt.
José Ortega y Gasset: Der Aufstand der Massen

In den Pyrenäen stehen zwei spanische Grenzwächter auf Wacht. Jenseits der Grenze tummelt sich eine französische Feriengesellschaft. Die beiden spanischen Grenzwächter schauen sehnsüchtig hinüber.
»Wenn ich jetzt abhauen würde«, fragt der eine seinen Kumpan, »würdest du mich erschießen?«
»Selbstverständlich«, erwidert der zweite. »Du mich etwa nicht?«
»Nein.«
»Also gut«, sagt der zweite, »dann geh' ich zuerst.«

Aufschrift an der Wand einer Gefängniszelle in Madrid: »Die Mutter unseres Caudillo Francisco Franco war eine ehrenwerte Dame. Nur er ist ein Hurensohn!«

Abendgebet in einem katalanischen Nonnenkloster: »Herr, der Du alles siehst und alles weißt, schenke uns einen gesunden Schlaf und ein fröhliches Erwachen, schenke Du den Witwen Trost und den Waisen Brot, den Siechen Genesung, den Gefangenen Freiheit und unserem geliebten Caudillo Francisco Franco einen sanften Tod!«

Herbstausstellung im Madrider Prado. Gedränge um eine überlebensgroße Marmorbüste des Caudillo Francisco Franco. Der Schöpfer des Werks, Juan Galdoz y Tenebros, entdeckt in der Menge einen Bekannten. »Was sagen Sie dazu?« fragt er ihn.
»Das Denkmal ist imposant«, antwortet Antonio de Mayo Lucientes Blau: »Nur hat es zwei Fehler.«
»Wieso?« fragt entsetzt der Bildhauer.
»Der erste Fehler ist, es müßte darunterstehen ›Ruhe in Frieden!‹«
»Wieso?« fragt der Bildhauer verblüfft. »Er ist doch gar nicht tot!«
»Das ist der zweite Fehler!«

Der Wettlauf zum Mond zwischen den USA und der Sowjetunion dauert schon viele Jahre. Die Industrie läuft auf vollen Touren, die Staatsbürger müssen den Gürtel enger schnallen, alles wird der Mondfahrt geopfert. Endlich gelingt der große Wurf, und wie es der Zufall will, landen Russen und Amerikaner zu gleicher Zeit auf dem Erdsatelliten. Zu ihrem größten Erstaunen finden sie dort einen Spanier vor, der im Schatten

eines Mondgebirges sitzt und in aller Seelenruhe ein Zigarillo raucht.
»Was machst du da?« fragt ihn die russisch-amerikanische Expedition ganz entsetzt.
Der Spanier pafft seelenruhig weiter.
Der Chef der russischen Expedition läuft rot an:
»Wie bist du überhaupt hier heraufgekommen?«
Gelassen spuckt der Spanier in einen Mondkrater.
»Ihr habt doch überhaupt keine Industrie!« schreit der Chef der amerikanischen Expedition.
»Das nicht«, antwortet der Spanier, »aber dafür haben wir Pfaffen und Polizisten.«
»Na und?«
»Einer ist dem anderen auf die Schultern gestiegen: ein Pfaffe, ein Polizist; ein Pfaffe, ein Polizist . . .«

Die zivilisierten Völker sind nicht weiter von der Barbarei entfernt als das glänzendste Eisen vom Rost. Die Völker und die Metalle sind nur an der Oberfläche poliert.

Wo die Armee vom Volke abhängt, wird schließlich die Regierung von der Armee abhängen.

Man muß scharf unterscheiden zwischen der arithmetischen und der politischen Mehrheit im Staat.

Die Staaten beginnen stets von neuem; sie leben von Heilmitteln.

Vergeßt nicht, daß jeder Große denselben kleinen Leidenschaften unterworfen ist wie ihr: er ist furchtsam oder unverschämt, ist geizig oder falsch wie ihr. Wo wird also seine Größe zu suchen sein? Bei euch, und nicht bei ihm. Die Größe eines Menschen gleicht seinem Rufe: sie lebt und atmet auf den Lippen anderer.

Das schlechteste Rad macht den größten Lärm.

Antoine Rivarol (1753–1801)

Die Politik muß, wo immer möglich, zurückverwiesen werden auf den ihr zukommenden Platz, der ein Platz zweiter Ordnung ist. Es sollte nicht ihr Ziel sein dürfen, die Welt mit Evangelien oder Katechismen zu versorgen, weder mit politischen noch mit moralischen. Es ist gerade das große Unglück unserer Zeit, daß die Politik sich anmaßt, uns mit einem Katechismus, mit einer kompletten Weltanschauung und zeitweilig sogar mit Vorschriften für unser Liebesleben auszustatten. Die Aufgabe der Politik ist vielmehr, unser Haus in Ordnung zu halten, und nicht, sich mit unseren inneren Angelegenheiten zu befassen. Was mich anlangt, so weiß ich nicht, ob es ein Absolutes gibt oder nicht. Aber ich weiß genau, daß das keine Angelegenheit der Politik ist.

Albert Camus: Die Krise des Menschen. 1947

Der Prozeß Dantons ... Die erregendste Frage für die Eingeweihten war, auf welche Weise man Danton wohl am Sprechen hindern werde. Und wie hat man es fertiggebracht? Indem man am zweiten Verhandlungstag den Angeklagten das Wort entzog unter dem Vorwand, sie hätten das Gericht beleidigt. Das hört sich so simpel an, aber der Einfall war genial. Dieser Taschenspielertrick ermöglichte das Todesurteil, ohne daß die Angeklagten zu Wort kamen. Von Jahrhundert zu Jahrhundert bringt die französische Justiz, die sonst immer weit hinter der Zeit herhinkt, solche kleinen Detailerfindungen hervor, die ihr aus heiklen Situationen helfen – praktische Küchenkniffe, die ihr erlauben, stets dem herrschenden Regime zu dienen, wie immer es beschaffen sein mag.

Jean Anouilh: Der arme Bitos

Nach der Erstürmung der Bastille sagten die Männer der Feder:
»Nun sind wir obdachlos!«

Zur Zeit der Revolutionstribunale, in der die Guillotine pausenlos arbeitete, stolperte einer der Verurteilten auf den Stufen zum Schafott.
»Ein böses Omen!« sagte er. »Ein Römer würde umkehren.«

»Ihr Buch ist zur Verbrennung verurteilt worden!« sagte man zu Voltaire.
»Um so besser!« erwiderte Voltaire. »Bücher sind wie Kastanien. Je mehr man sie röstet, desto reißender gehen sie!«

Katharina die Große hatte den französischen Philosophen Diderot an ihren Hof berufen, später aber fortgejagt, weil er ihr zu freisinnig war. Kurz nach seiner Rückkehr zeigte sich Diderot in Paris im schwarzen Anzug, der damaligen Kleidung des Bürgertums.
Der Graf de Broglie fragte Diderot ironisch, ob er Schwarz trage, weil er um die Russen trauere.
Diderot antwortete:
»Wollte ich ein Volk betrauern, so brauchte ich nicht weit zu suchen!«

Vaterunser aus dem Jahr 1771 in Paris:
»Vater unser, der Du bist in Versailles; geschmäht wird Dein Name; Dein Reich ist erschüttert; Dein Wille geschieht auf Erden sowenig wie im Himmel; gib uns wieder unser täglich Brot, das Du uns genommen; vergib den Parlamenten, die Deine Interessen verraten haben, wie Du auch vergibst Deinen Ministern, die sie verkauften; falle nicht mehr in die Versuchung der Dubarry, sondern erlöse uns von dem Übel des Kanzlers, Amen.«

Rivarol, der berühmte Aphoristiker der Französischen Revolution, sagte über den Grafen Mirabeau, der ein begeisterter Anhänger der Republik war:
»Für Geld ist er imstande, alles zu begehen; selbst eine gute Tat!«

»Was ist Eure Meinung, General?« fragte Madame de Staël Napoleon.

Er habe es nicht gern, erwiderte Bonaparte, daß sich die Frauen mit Politik befaßten.
»Ihr habt schon recht«, sagte Madame de Staël. »Aber in einem Land, in dem man den Frauen die Köpfe abschlägt, ist es nur natürlich, daß sie sich fragen, warum.«

Von jeher galten die Gascogner als die größten Aufschneider unter den Franzosen. Ein Gascogner geriet einmal in Streit mit einem Deutschen über die Vorzüge beider Völker.
»Wir sind euch in allem überlegen!« rief der Gascogner und erging sich in Lobpreisungen über die Tugenden seines Volkes. Besonders den scharfen Verstand der Franzosen konnte er nicht genug rühmen.
»Und wie steht es mit euren Dummköpfen?« fragte der Deutsche.
»Sogar unsere Dummköpfe sind hundertmal dümmer als eure!«

Ein Ehemann ertappt seine Frau mit dem Herzog von Orléans. Er zieht sich diskret zurück.
»Wenigstens gibt sie sich nicht mit dem Pöbel ab«, sagt er.

Zur Zeit Ludwigs XVI., kurz vor der Französischen Revolution: Ein Kutscher wird dazu verurteilt, der öffentlichen Schande preisgegeben zu werden. Der Richter leiert die übliche Formel herunter:
»Im Namen des Königs und des Gesetzes gebe ich Euch der öffentlichen Schande preis und erkläre Euch für ehrlos!«
Darauf entspinnt sich folgender Dialog:
»Da darf ich also meine Karosse nicht mehr fahren?« fragt der Kutscher.
»Nichts hindert Euch daran«, erwidert der Richter.
»Dann scher ich mich den Teufel um das Urteil!«
»Ich mich auch«, sagt der Richter im Gehen.

Zur Zeit des Bürgerkönigs Louis Philippe grassierte die Bestechlichkeit. Zu einem Minister kam eines Tages ein Bittsteller und sagte ihm unter vier Augen:
»Ich gebe Ihnen zehntausend Francs, und ich schwöre Ihnen, kein Mensch wird ein Sterbenswort davon erfahren.«
»Geben Sie mir zwanzigtausend«, erwiderte der Minister, »und erzählen Sie es, wem Sie wollen.«

Die Diners bei Madame D. waren Diskussionsabende, bei denen die Dame des Hauses sozusagen als Vorsitzende fungierte und Wortmeldungen entgegennahm. An einem dieser Abende entwickelte Jules Simon gerade eine soziale Theorie, wobei Ernest Renan, Autor des berühmten Buches ›Das Leben Jesu‹, mehrmals den Mund öffnete, als wolle er sprechen.
»Einen Augenblick!« sagte Madame D. »Wir werden uns später das Vergnügen machen, Ihre Entgegnung anzuhören.«
Endlich war Simon mit seinen Ausführungen fertig. »Bitte, Monsieur Renan«, sagte die Dame des Hauses liebenswürdig, »nun können Sie sagen, was Sie auf dem Herzen haben.«
»Ich wollte nochmals um die Bohnen bitten, Madame.«

Napoleon der Dritte war zum Staatsstreich entschlossen. Das Datum wurde festgelegt. Am Vorabend des entscheidenden Tages sagte sein Vertrauter de Morny zu ihm:
»Wie die Sache auch immer ausgeht: morgen früh stehen Wachtposten vor Ihrem Haustor!«

In der berühmten französischen Militärschule Saint-Cyr nahm Marschall Mac-Mahon einmal Parade ab. Dabei wurde ihm auch ein Negerkadett vorgestellt.
»Ah, vous êtes un nègre?«
»Oui, mon maréchal!«
»Eh bien, continuez comme ça!«
(Schön, machen Sie so weiter!)

Beratung der Entente-Vertreter während der Friedensverhandlungen von Versailles. Um zwölf Uhr mittags hebt Clemenceau die Sitzung auf.
»Wann treten wir nachmittags zusammen?« fragt er. Orlando, der Vertreter Italiens, bittet, ihm nach dem Mittagessen eine kurze Ruhepause zu gönnen. Der amerikanische Staatssekretär Lansing dagegen möchte sich vor dem Dinner ein bißchen ausruhen. Nur der britische Außenminister Lord Balfour äußert keine Sonderwünsche. Darauf Clemenceau:
»Ich schlage vor, wir treffen uns um drei Uhr nachmittags. Dann kann Herr Orlando vor der Konferenz schlafen und Herr Lansing nach der Konferenz, Herr Balfour und ich schlafen während der Konferenz.«

Der französische Politiker Sarrieu war vom Präsidenten der Republik mit der Regierungsbildung betraut worden. Er lud die Kandidaten des präsumtiven Kabinetts zu einer Besprechung ein, die mit einem Imbiß verbunden war. Einer dieser Gäste war Georges Clemenceau. Sarrieu führte ihn zum Büfett und fragte:
»Was darf ich Ihnen anbieten?«
»Das Außenministerium«, erwiderte Clemenceau.

Zwei Abgeordnete kommen zu Clemenceau und verwenden sich für einen uralten Obersten, der sich nichts sehnlicher wünscht, als das Band der Ehrenlegion zu tragen.
»Herr Ministerpräsident«, sagt einer der Abgeordneten, »der Mann ist so alt und krank, daß er nicht einmal mehr das Haus verläßt!«
»Sind Sie sicher, daß er das Haus nicht verläßt?«
»Absolut sicher!«
»Dann soll er den Orden tragen.«

Der Karikaturist Forain über den nachmaligen französischen Staatspräsidenten Poincaré:
»Er hat keinerlei Überzeugung, aber *die* verteidigt er leidenschaftlich.«

Herbst 1942. Die Amerikaner haben es vorgezogen, de Gaulle, obwohl er in London als Repräsentant des Freien Frankreich residiert, von ihrer bevorstehenden Landung in Nordafrika nicht zu informieren.
Eines Nachts wird stürmisch an die Tür des Generals geklopft. Es erscheint atemlos sein Ordonnanzoffizier. »Was ist los?«
»Herr General, die Amerikaner sind in Tunis gelandet!«
»So? Ich hoffe, die Vichy-Leute werden sie ins Meer zurückschmeißen!«

Befreiung von Paris. De Gaulle zieht ein. Die Augen der Widerstandskämpfer hängen begeistert an dem Mann, für den sie jahrelang ihr Leben aufs Spiel gesetzt haben.
De Gaulle blickt in die Runde und sagt:
»Meine Herren, ich danke Ihnen von ganzem Herzen! In der Stunde meines Todes werde ich daran denken, was Sie an meiner Seite alles für Frankreichs Rettung und Größe getan haben! In der Zwischenzeit seien Sie meiner Undankbarkeit versichert!«

Ein französischer Abgeordneter in der Garderobe der Nationalversammlung. Sein Sekretär will ihm die dicken Mappen, die er unter den Armen trägt, abnehmen.
»Lassen Sie! Ich darf die Mappen nicht verwechseln. Ich habe die ganze Nacht daran gearbeitet.«
»Eine neue Gesetzesvorlage?« fragt der Sekretär neugierig.
»Nein. In der rechten Mappe habe ich sämtliche unumstößlichen Argumente unserer Partei für die Steuererhöhung.«
»Und in der linken?«
»Die unumstößlichen Argumente der Partei gegen die Steuererhöhung.«
»Das verstehe ich nicht.«
»Es ist noch nicht heraus, ob unsere Partei mit der Regierung gehen wird oder gegen sie.«

Der Abgeordnete Pflimlin ist eines Tages so übermüdet, daß er während der Sitzung des französischen Parlaments einschläft. Er schläft insgesamt vier Stunden.
In diesen vier Stunden ist er zweimal Minister gewesen, ohne es zu wissen.

In einer stillen Stunde ergeht sich General de Gaulle in Kindheitserinnerungen:
»Ich habe schon als Kind gern Krieg gespielt«, sagt er vertraulich. »Meine Brüder und ich haben die Zinnsoldaten untereinander verteilt. Wir trafen immer folgende Vereinbarung: mein Bruder Xavier hatte die Italiener unter sich, mein Bruder Pierre die Deutschen, und ich – ich gestehe es offen, meine Herren: die Franzosen.«

Während der Algerienkrise erstattet der Innenminister Roger Frey General de Gaulle Bericht.
»In den letzten Tagen«, teilt er mit, »haben wir 327 Personen verhaftet. Die Leute sind nur schwer zu behandeln, denn sie bekommen der Reihe nach Anfälle von Klaustrophobie. Eigentlich müßte man sie alle zum Psychiater schicken. Ich verstehe das nicht.«
»Das werden Sie erst verstehen«, sagt de Gaulle zu seinem Innenminister, »wenn Sie selbst sitzen.«

De Gaulle braucht Geld, um die neuen Weltmachtbestrebungen Frankreichs zu finanzieren. Sein Finanzminister läßt neue Steuererhebungsbogen drucken und über die Finanzämter an die Steuerpflichtigen verschicken. Die neuen Formulare enthalten nur vier Punkte:

1. Wieviel verdienen Sie?
2. Wieviel geben Sie aus?
3. Was bleibt Ihnen übrig?
4. Das schicken Sie uns.

De Gaulle benimmt sich in der Öffentlichkeit für den Geschmack seiner Mitarbeiter allzu unvorsichtig. Er macht sich von seinen Bewachern los, verliert sich in der Menge, spricht mit Krethi und Plethi.
Nachdem einige Attentate auf ihn verübt worden sind, nimmt der Chef des Sicherheitsdienstes seinen ganzen Mut zusammen und sagt:
»Herr General, Sie gehen ein zu großes Risiko ein. Sie müssen mehr auf Ihre Sicherheit bedacht sein!«
»Merken Sie sich eins«, antwortet ihm de Gaulle trocken: »De Gaulle interessiert mich ausschließlich aus historischer Perspektive.«

De Gaulle erklärt Kennedy die Grundsätze der französischen Kolonialpolitik:
»Frankreich gewährt all seinen früheren Untertanen das nationale Selbstbestimmungsrecht – unabhängig von der Hautfarbe: den Schwarzen, den Gelben, auch den Rothäuten. Sofern noch welche von ihnen übrig sind.«

Amerikanischer Staatsbesuch in Frankreich.
Jackie Kennedy möchte sich General de Gaulle gegenüber als liebenswürdig erweisen und beginnt ein Gespräch:
»Wissen Sie, Herr General«, sagt sie, »meine Familie stammt aus Frankreich.«
»Ach so?« entgegnet de Gaulle wenig interessiert. »Meine auch.«

General de Gaulle hält eine Parade ab. Routinemäßig schreitet er die Front der angetretenen Soldaten ab. Plötzlich bleibt er bei einem uralten Unteroffizier stehen.
»Sie kenne ich doch!« sagt der französische Staatspräsident.
Der Unteroffizier schaut ihn nur verständnislos an.
»Erinnern Sie sich nicht?« drängt de Gaulle. »Neunzehnhundert-

sechzehn. Verdun. Chemin des Dames. Ununterbrochenes deutsches Trommelfeuer. Sie und ein Offizier haben sich am Heiligen Abend freiwillig gemeldet, einen brennenden Christbaum unter mörderischem Feuer in die vordersten Linien zu bringen!« Da erhellt sich das Gesicht des alten Veteranen, und er ruft:
»De Gaulle!«

Ein bretonischer Bauer steht vor Gericht, weil er unflätig auf die Regierung geschimpft hat, und wird wegen Verunglimpfung der Republik zu einer Geldstrafe von zweihundert Neuen Francs verurteilt.
»Haben Sie noch etwas zu sagen?« fragt ihn der Richter.
Der Bauer kratzt sich den Kopf.
»Ich hätte noch eine Menge zu sagen«, antwortet er. »Aber nicht zu diesem Tarif!«

Adenauers Staatsbesuch in Paris. Der greise Kanzler hat sich spät abends in seine Gemächer zurückgezogen. De Gaulle und sein Außenminister Couve de Murville sitzen noch im Salon und unterhalten sich über ihren Gast.
»Im Grunde genommen«, sagt Couve de Murville, »hat Adenauer wenig zu bieten. Er steht zwar an der Spitze eines großen, blühenden Landes, aber Deutschland ist doch geteilt. Denken Sie an den Eisernen Vorhang ... und dann Berlin ... Die Deutschen haben nicht einmal eine Hauptstadt. Was bleibt ihnen denn schon?« »Paris!«

Zwei Pariser politisieren. Der eine ist fanatischer Gaullist.
»Ich versteh' dich nicht«, sagt der andere. »Wie kannst du für de Gaulle sein? Hat der nicht die Republik zugrunde gerichtet? Hat er nicht Algerien verspielt? Hat er uns nicht einen Pakt mit den Deutschen aufgehalst? Hat er nicht den großen Krach mit England heraufbeschworen? Jetzt sind sogar schon die Amerikaner böse auf uns! Mit einem Wort: de Gaulle ist schuld, daß Frankreich am Rande des Abgrunds steht!«
»Das stimmt schon«, sagt der erste. »Du darfst aber eins nicht vergessen: de Gaulle ist die einzige Garantie dafür, daß die Generäle nicht an die Macht kommen!«

England

Gott zählt auch die Ausländer.
G. Bernard Shaw: Zurück zu Methusalem

Praktische Politiker sind Menschen, die die Kunst meistern, wie man das Parlament dazu benützt, zu verhindern, daß irgend etwas fertiggebracht werde.
G. Bernard Shaw: Zurück zu Methusalem

Ist es Ihnen nicht aufgefallen, daß wir in unserer großen britischen Verfassung beinahe für alles, was es überhaupt auf der Welt gibt, eine Abteilung haben – für Ackerbau und Gesundheit und Fischerei, für innere und äußere Angelegenheiten und Erziehung, für das Geldwesen und die Währung, für das Kronland in Oxfordshire und das Herzogtum von Lancaster – aber keine Abteilung für das Denken?
G. Bernard Shaw: Festgefahren

Die schlimmsten Cliquen sind die, welche nur aus einem Menschen bestehen.
G. Bernard Shaw: Zurück zu Methusalem

Jede weltliche Gewalt macht die Menschen zu Schurken.
G. Bernard Shaw: Die heilige Johanna

Jeder Despot muß einen illoyalen Untertan haben, der ihn geistig gesund erhält. Selbst Ludwig XI. mußte seinen Beichtvater dulden, der gegen den zeitlichen Thron für den ewigen einstand. Die Demokratie hat jetzt dem Souverän Volk das Despotenzepter gereicht; aber auch er muß seinen Beichtvater haben: das ist der Kritiker. Kritik ist nicht nur medizinisch heilsam: sie besitzt auch positive populäre Anziehungskräfte in ihrer Grausamkeit, ihrem Gladiatorentum und der Befriedigung, die sie dem Neid gewährt durch ihre Angriffe auf die Großen und dem Enthusiasmus durch ihr Lob. Sie darf Dinge sagen, die viele gerne sagen möchten, aber nicht zu sagen wagen, und selbst wenn sie es wagten, nicht sagen könnten, weil sie nicht geschickt genug sind. Ihr Bilderstürmertum, ihre Revolten und Blasphemien kitzeln, wenn sie gut geformt sind, auch die, die sie treffen; so daß der Kritiker neben dem Privilegium des Beichtvaters noch das Privilegium des Hofnarren hinzubekommt.
G. Bernard Shaw: Hauptsächlich über mich selbst

Das britische Volk hat bewiesen, daß es die Niederlage ertragen kann; es hat bewiesen, daß es tapfer und vertrauensvoll lange Zeiten unbefriedigender, unerklärter Tatenlosigkeit ertragen kann. Ich sehe keinen Grund, warum wir uns dem Sieg gegenüber nicht ebenso entschlossen und tatkräftig erweisen sollten. Ich verspreche nichts. Ich sage nichts voraus. Ich kann nicht einmal dafür garantieren, daß nicht noch neue Erfolge bevorstehen.
Winston Churchill: in einer Rundfunkrede am 29. November 1942, nach dem britischen Sieg bei El Alamein und der Landung der Alliierten in Französisch-Nordafrika

Ein englischer Henker unterhält sich mit einem zum Tode verurteilten Gegner des Königs.
»Ich muß dir gestehen«, sagt er, »ich habe noch nie einen gehängt. Man hat mich nur genommen, weil Not am Mann ist.«
»Auch ich mache so etwas zum erstenmal mit«, erwidert der Delinquent. »Aber mit vereinten Kräften werden wir es schon schaffen!«

Zum britischen Premierminister Lord Salisbury kam ein Bischof, der mit dem Regierungschef über die Neubesetzung eines hohen geistlichen Amts sprechen wollte.
Salisbury sprach vom Wetter, von der Teuerung und von der neuerdings immer schlechteren Qualität der englischen Textilprodukte, die er an seinem eigenen Anzug zu demonstrieren suchte.
Der Bischof, dem das Gespräch über Nebensäcnlichkeiten schon zu lange dauerte, wurde ungeduldig und machte den Premierminister darauf aufmerksam, daß die Neubesetzung des Postens von äußerster Wichtigkeit sei.
»Wichtig?« sagte Salisbury. »In Großbritannien gibt es nur zwei Posten, deren Besetzung wichtig ist: der des Premierministers und der des Außenministers. Alle anderen Posten kann jeder auch nur einigermaßen zurechnungsfähige Engländer ausfüllen.«

Um die Jahrhundertwende machten die Eingeborenen der Insel Sansibar Miene zu rebellieren. Lord Salisbury sah sich gezwungen, ein Kanonenboot hinzuschicken. »Sie ankern gegenüber vom Sultanspalast«, wies er den Kapitän an, »und machen die Geschütze feuerbereit. Dann gehen Sie an Land und überreichen dem Sultan unsere Forderungen.«
Der Kapitän schien von diesem Auftrag nicht besonders begeistert zu sein.
»Und was mache ich«, fragte er, »wenn diese Demonstration auf den Sultan keinen Eindruck macht?«
»Das glaube ich kaum«, erwiderte Salisbury; »wir haben mit Aktionen dieser Art bisher nur die besten Erfahrungen gemacht. Sollte der Sultan aber wider Erwarten unsere Forderungen ablehnen, dann gehen Sie eben wieder an Bord und drehen ab.«
Das Kanonenboot machte tatsächlich keinen so großen Eindruck auf den Sultan, daß er sofort nachgegeben hätte. Er ließ sich Zeit und schickte schließlich seinen Wesir an Bord, der mit dem englischen Kapitän weiterverhandeln sollte.

»Und was machen Sie«, fragte der Wesir den Kapitän, »wenn wir Ihre Forderungen ablehnen?«
Der Kapitän ließ seinen Blick über die Geschützrohre gleiten und sagte ernst:
»Dann werde ich gezwungen sein, den zweiten Teil meiner Instruktionen auszuführen.«
Eine Stunde später war das Ultimatum akzeptiert.

Ein Unterhauskandidat fährt im Verlauf seiner Wahlkampagne über Land und kommt so auch zu einem Farmer. Der junge Kandidat redet sich in Hitze; er verspricht, gründlich aufzuräumen, ja sogar, die Regierung zu stürzen.
»Da bin ich nicht dafür«, sagt der Farmer.
»Warum nicht? Sind Sie mit der Regierung zufrieden?«
»Nein, aber ich weiß aus Erfahrung, daß Schweine, die ich gerade erst gekauft habe, doppelt so viel fressen wie die, die schon ein bißchen Fett angesetzt haben. Deshalb bin ich für die alte Garnitur.«

»Was«, fragt das Enkelkind, »ist der Unterschied zwischen Tories und Whigs?«
»Ein Tory«, antwortet der Großvater, »ist ein Mensch, der den König und die Königin liebt, das Oberhaus und die Geistlichkeit, mit einem Wort: ein Mann, der gern möchte, daß alles so bleibt, wie es ist.«
»Und was ist ein Whig?«
»Ein Whig ist ein Mensch, der alles stürzen will: den König, die Königin, das Oberhaus und die Geistlichkeit. Mit einem Wort: ein Räuber und Halunke.«
»Und was«, fragt das Enkelkind, »bist du, Großvater: ein Tory oder ein Whig?«

Im August 1914, sogleich nach Ausbruch des Ersten Weltkriegs, bekommt der Kommandant einer englischen Garnison im dunkelsten Afrika den telegrafischen Befehl, sämtliche feindlichen Ausländer sofort zu internieren.
Stunden später trifft in London sein Antworttelegramm ein:
»Sieben Holländer, vier Franzosen, drei Italiener, zwei Amerikaner und ein Deutscher verhaftet stop. Erbitte Drahtnachricht: Krieg mit wem?«

Zu Anfang des Jahres 1917 forderten in Frankreich und England zahlreiche Politiker die Errichtung von Militärdiktaturen, die dem Krieg endlich die erwünschte Wendung geben sollten. In den Wandelgängen des Unterhauses stieß der britische Premierminister Lloyd George auf eine Gruppe solcher Politiker, die dem Generalstab Sondervollmachten einräumen wollten. »Meine Herren«, sagte er, »das ist unmöglich. Der Krieg ist eine viel zu ernste Angelegenheit, als daß man ihn den Generälen überlassen könnte.«

Bei einem Bankett äußert sich Lloyd George über die Natur des Politikers.
»Ein Politiker«, sagt er, »ist ein Mensch, der prinzipiell andere Ansichten hat als Sie. Sollten sich aber seine Ansichten mit den Ihrigen decken, dann ist der Mann kein Politiker, sondern ein Staatsmann.«

Noch während des Ersten Weltkriegs versprach der englische Außenminister Lord Balfour den Juden in aller Welt Palästina als nationale Heimstätte.
Ein puritanischer Lord kommt zu Balfour und sagt entsetzt: »Wissen Sie denn nicht, daß es heißt: sobald die Juden wieder im Besitz von Jerusalem sind, wird das Jüngste Gericht kommen?«
»So?« sagt Lord Balfour. »Wunderbar!«

Während des Abessinienkriegs kommen ein Engländer und ein Italiener am Strand von Nizza ins Gespräch.
»Sie verdienen mein tiefstes Mitleid«, sagt der Engländer.
»Warum? Wir siegen in Abessinien!«
»Das mag schon sein. Aber dann werdet ihr Italiener verhungern.«
»Wie kommen Sie auf die Idee? Wir werden in Abessinien Straßen und Kanäle bauen, die modernsten Bewässerungsanlagen, Flugplätze, Eisenbahnen, wir werden die Rohstoffe des Landes erschließen!«
»Rohstoffe! Wenn in Abessinien etwas zu holen wäre, dann hätten wir Engländer schon längst die Hand darauf gelegt.«

Vor den Wahlen ins englische Unterhaus: Ein Engländer kehrt von längerem Auslandsaufenthalt zurück und trifft in seinem Club einen Bekannten, von dem er weiß, daß er die Wahlreden aller drei Kandidaten verfolgt hat.

»Nun«, fragt er, »wie sind die Kandidaten?«
»Ich habe mir alle drei angehört und angesehen, und ich muß Ihnen sagen: ich danke Gott, daß nur einer von ihnen ins Parlament kommen kann!«

England, während des Krieges. Ein Mitglied des weiblichen Hilfskorps wird gefragt, wie ihr der Dienst in der Armee gefalle. »Es ist ganz nett«, sagt sie, »nur ein bißchen eintönig. Man hat die ganze Zeit nichts anderes zu tun, als zu den weiblichen Vorgesetzten ›Yes, Madam!‹ zu sagen, und zu den männlichen Offizieren: ›No, Sir!‹«

Deutscher Bombenangriff auf Coventry. Die ganze Familie hastet in den Keller. Plötzlich merkt man: der Großvater ist oben geblieben; in der Eile hat man ihn vergessen. Unruhe unter den Familienmitgliedern.
Plötzlich ein entsetzlicher Krach. Das Haus hat einen Volltreffer bekommen. Mühsam arbeiten sich die Familienmitglieder aus den Trümmern ins Freie. Ein Blick zeigt ihnen, was geschehen ist: das Haus ist zerstört, nur die Feuermauer mit den WCs ist stehengeblieben. Im WC des dritten Stockwerks steht der Großvater und schüttelt sich vor Lachen.
Der Schock hat ihn wahnsinnig gemacht! sagt sich die Familie. Die Feuerwehr kommt und holt den Großvater herunter. Noch immer lacht er und kann nicht aufhören. Die Familie umdrängt ihn.
»Um Gottes willen, Großvater! Beruhige dich doch!« Der Großvater will etwas sagen, bringt es aber, von Lachkrämpfen geschüttelt, nicht heraus. Endlich stammelt er:
»Kinder – stellt euch vor ... ich ziehe – und das Haus bricht zusammen!«

Zwei Gentlemen treffen sich in ihrem Londoner Club. Es ist Krieg.
»Ich habe gehört, Sie arbeiten im Kriegsministerium«, sagt der eine. »Haben Sie viel zu tun?«
»Nicht mehr, seitdem ich dort bin.«

Um jede Spionage im Keim zu ersticken, erläßt die britische Regierung die strengsten Geheimhaltungsvorschriften. Auf einem überdimensionalen Panzerschrank im Kriegsministerium ist in Leuchtschrift zu lesen:

NOT TO BE SEEN BY ANYBODY!
(Darf von niemandem gesehen werden!)
Neuerdings tragen Geheimpapiere den Stempel DBR. DESTROY BEFORE READING
(Vor dem Lesen zu vernichten!)

Die Engländer haben einen Spion zum Tode verurteilt. Er soll in aller Frühe erschossen werden. Zum Hinrichtungsplatz ist ein Hügel weit vor der Stadt bestimmt. Die Eskorte führt den Spion in strömendem Regen, eisigem Wind und durch tiefen Schlamm zu jenem Hügel.
Der Delinquent versucht ein Gespräch anzuknüpfen: »Ein Sauwetter!« sagt er, mühsam dahinstapfend.
»Sie haben leicht reden!« antwortet ihm der Sergeant. »Für Sie ist es ja bald aus. Aber wir müssen in diesem Dreck den ganzen Weg noch einmal machen!«

Invasion in Frankreich. Im schwersten Feuer waten zwei kriegsfreiwillige Iren an Land. Sie sind bis auf die Haut durchnäßt. Links und rechts von ihnen explodieren deutsche Granaten.
Auf dem Schiff haben sie sich über ihr Lieblingsthema unterhalten: über Irland, den Freiheitskampf der Iren und den irischen Ministerpräsidenten de Valera. Während der Kampfhandlungen setzen sie ihre Unterhaltung fort:
»Was ist de Valera schon für ein Patriot?« fragt der eine. »Sein Vater ist Spanier oder Portugiese, er selbst hat einen amerikanischen Paß – was tut er schon für Irland?«
In ihrer unmittelbaren Nähe krepiert eine schwere deutsche Granate. Sie tauchen unter. Als sie ihre triefenden Köpfe wieder aus dem Wasser stecken, erwidert der andere:
»In gewissem Sinn hast du schon recht. Aber eins muß man ihm lassen: er hat uns Iren aus diesem verdammten Krieg herausgehalten!«

Ein Engländer steht wegen passiver Wahlbestechung vor Gericht.
»Geben Sie zu«, fragt der Richter, »daß Sie vom konservativen Kandidaten zwei Pfund genommen haben?«
»Ja, Euer Ehren.«
»Sie haben doch aber auch vom liberalen Kandidaten zwei Pfund genommen!«
»Ja, Euer Ehren.«

»Und schließlich hat Ihnen auch noch der Labour-Kandidat zwei Pfund gegeben!«
»Ja, Euer Ehren.«
»Jetzt sagen Sie mir, wie haben Sie denn gewählt?«
»Das habe ich allein mit meinem Gewissen auszumachen, Euer Ehren!«

Indien wird selbständig. Unter den letzten Engländern, die heimkehren, ist ein alter Oberst der Kolonialarmee. In seinem Londoner Club erzählt er:
»Vierzig Jahre habe ich dort verbracht. Aber, ob Sie mir's glauben oder nicht: am Tag meiner Abreise haben die Eingeborenen noch immer nicht Englisch sprechen können!«

Churchill über Kolumbus:
Er ist weggefahren, ohne zu wissen, wohin.
Er ist zurückgekommen, ohne zu wissen, wo er war.
Und heute noch haben wir für seine Reise zu zahlen.

In der Britischen Nationalbibliothek sucht ein Journalist einen alten Archivar auf, von dem er gehört hat, daß er Karl Marx noch gekannt hat, und befragt ihn. »Marx?« fragt der greise Beamte. »Karl Marx? Wann soll das gewesen sein? Warten Sie ... ja! Da war ein Mann mit großem Bart, ich glaube, ein Deutscher ... Marx? Ja, das kann er gewesen sein. Er hat immer im Kleinen Lesesaal gearbeitet. Aber eines Tages ist er nicht mehr gekommen. Ich habe mich oft gefragt, was aus dem wohl geworden ist ...?«

Aber was haben denn diese jungen Leute entdeckt, und was verbindet sie sonderbarerweise mit ihren Vorfahren, die freiwillig Europa mit Amerika vertauscht haben? Dieses: daß die amerikanische Lebensart nur ein Scheindasein ist und daß der Preis für die Sicherheit und den Überfluß, die sie angeblich bietet, zu hoch ist. Wenn auch diese »Renegaten« noch klein an Zahl sind, so weist doch ihre Existenz schon darauf hin, daß die Maschine einen Knacks bekommen hat. Wenn der große Schlamassel kommt, wie es jetzt als unvermeidlich erscheint, werden sie wahrscheinlich die Katastrophe leichter überstehen als wir anderen. Sie wissen wenigstens schon, wie man ohne Autos, ohne Kühlschränke, Staubsauger, elektrische Rasierapparate und die anderen »Unentbehrlichkeiten«, ja, sogar ohne Geld auskommen kann. Wenn wir jemals eine neue Erde bekommen sollten, so darf Geld auf ihr keine Rolle mehr spielen, es muß vergessen und gänzlich wertlos sein.
Henry Miller: Big Sur und die Orangen des Hieronymus Bosch

Die Welt wird nicht in Gang gehalten, weil sie ein Geschäftsunternehmen ist. (Gott verdient bei der Sache nicht einen Cent.)
Henry Miller: The Air Conditioned Nightmare

»Lieber Gott, ich weiß nicht, welche ›Rechte‹ ein Mensch hat! Und ich weiß nicht, wie man Langeweile loswerden kann. Wenn ich das wüßte, wäre ich der einzige Philosoph, der ein Heilmittel für das Leben besäße. Aber eins weiß ich sicher, daß vielleicht zehnmal mehr Menschen sich im Leben langweilen – und unnötig langweilen –, als wir jemals ahnen; und ich bin überzeugt, daß, wenn wir manchmal herausplatzten und es zugestehen würden, statt während sechzig Jahren anständig, geduldig und treu zu sein und dann in aller Ewigkeit anständig, geduldig und tot zu sein – na, vielleicht, möglicherweise wäre dann das Leben viel unterhaltsamer.«
Sinclair Lewis: Babbitt

Als Coolidge noch Vizepräsident der Vereinigten Staaten war, stieg er auf einer Dienstreise in einem Hotel ab. In der Nacht gab es Feueralarm. Alle Gäste strömten nur notdürftig bekleidet in der Halle zusammen. Plötzlich fiel Coolidge ein, daß er in seinem Zimmer seine Aktentasche vergessen hatte. Er lief zur Treppe, um die Tasche zu holen. »Halt!« schrie der Feuerwehrkommandant ihm zu. »Bleiben Sie da!«
»Ich bin der Vizepräsident!« erwiderte Coolidge.
»Entschuldigen Sie bitte!« sagte der Feuerwehrkommandant. »Gehen Sie nur hinauf.«
Dann, als Coolidge schon auf der Treppe war, besann er sich eines anderen.

»Vizepräsident?« schrie er. »Wovon?«
»Von den Vereinigten Staaten!«
Der Feuerwehrkommandant, der bisher der Meinung gewesen war, der Herr im Pyjama sei Vizepräsident des Hotelkonzerns, wurde blaß.
»In diesem Fall kommen Sie sofort herunter!« brüllte er.

Betrugsprozeß in Palm Beach. Der Richter:
»Der Kläger hat dem Gericht einen Scheck, lautend auf 10.000 Dollar, übersandt. Die beklagte Partei hingegen hat dem Gericht einen Scheck, lautend auf 15.000 Dollar, übersandt. Das Gericht hat dem Beklagten den Betrag von 5.000 Dollar bereits zurückgeschickt und wird nun in beschworener Unbefangenheit die beiden Parteien anhören und sein Urteil fällen.«

Eine Schule in Neu-England. Geschichtsunterricht.
Der Lehrer fragt:
»Sag mir jetzt: warum sind die Puritaner aus England nach Amerika ausgewandert?«
Der Schüler antwortet:
»Damit sie ihre Religion in Freiheit auf ihre Art ausüben und andere zwingen können, dasselbe zu tun.«

Obwohl der amerikanische Bürgerkrieg schon so weit zurückliegt, herrscht noch immer große Animosität zwischen Nord- und Südstaatlern.
Die Tochter eines Südstaatlers studiert in einem College in Philadelphia und verliebt sich dort in einen Kollegen aus Neu-England. Sie traut sich aber nicht, ihrem fanatischen Vater in Louisiana zu schreiben, daß sie die Absicht hat, den Nordstaatler zu heiraten. Sie bittet ihre Mutter um Vermittlung.
Zu Anfang traut sich auch die Mutter nicht. Als die Tochter aber drängt, entschließt sie sich zu einem diplomatischen Vorstoß beim Frühstückstisch:
»Was würdest du sagen, wenn Claire einen jungen Mann aus Neu-England heiraten würde?«
Der Vater schiebt seine Kaffeetasse von sich.
»Die beste Rache, die ich mir denken könnte!« ruft er begeistert.

Ein New Yorker Journalist sucht einen Senator aus Texas auf und bittet ihn um ein Interview.
Der Senator winkt ab:

»Ich habe nichts zu sagen.«
»Ich weiß«, erwidert der Journalist. »Fangen wir also an.«

Zu Kardinal Spellman kommt ein von Gewissensbissen gequälter Halbstarker.
»Eminenz«, fragt er, »glauben Sie an die Möglichkeit, daß ich hier in New York mit fünfzehn Dollar Wochenlohn ein Leben im Sinne der Religionslehre führen kann?«
»Es wird Ihnen nichts anderes übrigbleiben«, antwortet der Kirchenfürst.

Die amerikanische Kriegserklärung gegen Ungarn, die vom Kongreß beschlossen worden ist, wird vom Senat bestätigt. Ein Senator aus Kentucky ruft Außenminister Hull an, um sich zu informieren:
»Ungarn – was ist das eigentlich für ein Land?«
»Ein kleines Königreich in Europa – ungefähr acht Millionen Einwohner.«
»Aha. Und wer ist der König?«
»Den gibt's nicht.«
»So? Wer regiert dann dort?«
»Ein Admiral.«
»Ah, ich verstehe! Die ungarische Flotte ist uns gefährlich!«
»Ungarn hat überhaupt keine Flotte. Es liegt in Mitteleuropa. Weit und breit kein Meer.«
»Wozu haben wir Ungarn dann den Krieg erklärt?«
»Weil es zusammen mit Deutschland gegen Rußland kämpft, und mit Rußland sind wir verbündet.«
»Endlich geht mir ein Licht auf! Ungarn will von den Russen Land, damit es ans Meer grenzt und der Admiral zu einer Flotte kommt!«
»Nein. Land will es nicht von Rußland, sondern von Rumänien.«
»Verstehe ich Sie richtig? Ungarn kämpft also gegen Rußland und Rumänien zugleich?«
»Nein. Mit Rumänien ist es verbündet.«

Ein älterer amerikanischer Fliegerhauptmann erzählt in der Messe:
»Da haben wir im Pazifik einen Stützpunkt gehabt. Jede Nacht war Alarm. Da hieß es dann: aus dem Bett, in die Klamotten hinein, im Laufschritt zur Maschine, Motoren anlassen und auf den Startbefehl warten. Der Startbefehl ist aber nie gekommen. Nach einer Stunde haben wir die Motoren wieder abgestellt und

sind schlafen gegangen. Zehnmal dasselbe, zwanzigmal, fünfzigmal, hundertmal!
Schließlich ist es mir zu blöd geworden. Ich hab' mir einen Orang-Utan aus dem Dschungel geholt und so abgerichtet, daß er bei Alarm in meine Uniform geschlüpft ist – im Schweinsgalopp zum Flugzeug, Motor angelassen ... Sobald die Entwarnung kam, hat er den Motor abgestellt und ist zurückgekommen. Alles ist tadellos gegangen, kein Mensch hat etwas gemerkt. Bis es eines Nachts passiert ist.
Wieder Alarm. Das übliche, denke ich. Plötzlich ein ungewohntes Geräusch. Der ganze Himmel dröhnt!
Ich renne in Unterhosen hinaus, und was sehe ich? Das ganze Geschwader ist aufgestiegen – mein Orang-Utan als allererster!
Nur der General steht neben mir und schaut mich strafend an.
Und sehen Sie: deswegen bin ich noch immer Hauptmann. Aber das würde mir ja noch nicht einmal etwas ausmachen, wenn der Orang-Utan nicht Oberst geworden wäre!«

Vor der Landung in Tunis instruiert US-Major Rammler sein Bataillon:
»Ihr müßt immer daran denken, Kinder, wir dringen nicht in Feindesland ein, sondern müssen danach trachten, das Vertrauen der Bevölkerung zu gewinnen. Jeder unnötige Ärger ist zu vermeiden. Seid nicht rechthaberisch, streitet nicht mit den Leuten. Und selbst wenn einer von den Scheichs behaupten sollte: Afrika ist größer als Texas – so laßt ihm die Freude!«

Dezember 1944. Eine amerikanische Kompanie marschiert in den Ardennen durch tiefen Schnee. Alles ist steifgefroren, die GIs klappern mit den Zähnen. Sagt Smith zu Brown:
»Ist es nicht herrlich im Winter?«
»Was ist da herrlich, du Trottel? Die Verpflegung kommt nicht nach, die Deutschen sind uns auf den Fersen, man kann kein Feuer machen, man kann nirgends unterkriechen – nichts als Ruinen und Leichen!«
»Aber sie stinken nicht so wie im Sommer!«

Während der letzten alliierten Offensive im Frühjahr 1945 kam der französische General Lattre de Tassigny in Eisenhowers Hauptquartier. Eisenhower sprach sich seinem Besucher gegenüber lobend über den wohltuenden Einfluß der disziplinierten französischen Soldaten auf die GIs aus. Wie er sagte, hätten sich

die amerikanischen Soldaten durch das Beispiel der Franzosen soldatischen Drill angewöhnt.
Währenddessen kommt ein baumlanger GI und ruft Eisenhower zu:
»Hallo, General, kann ich mir für einen Augenblick Ihren Jeep ausborgen?«
Lattre de Tassigny, an anderes Benehmen Vorgesetzten gegenüber gewöhnt, zeigt sich indigniert.
»Sehen Sie, was ich meine?« sagt Eisenhower. »Vor einem halben Jahr hätte er sich meinen Jeep genommen, ohne mich zu fragen!«

Nach dem Tod des Präsidenten Franklin Delano Roosevelt wurde Vizepräsident Harry Truman automatisch Präsident. Die Zeremonie seiner Vereidigung wurde im Fernsehen übertragen.
»Wie hat es dir gefallen?« fragte er telefonisch seine alte Mutter im Heimatdorf.
»Es war großartig«, antwortete sie, »wirklich sehr schön. All die vornehmen Leute. Jetzt wird's aber Zeit, daß du lernst, dich anständig zu benehmen.«

Amerikanische Militärregierung in Deutschland. Im fünften Stock des Frankfurter Bürohauses schaut ein Offizier in eines der Zimmer. Drinnen lümmelt faul ein Unteroffizier, die Füße auf dem Tisch, raucht und liest Zeitung.
»Bei Ihnen scheint nicht viel los zu sein«, sagt der Offizier.
»Na ja, es gäbe schon einiges zu tun, aber ich habe mein eigenes Rationalisierungssystem.«
»Das interessiert mich aber. Wie funktioniert das?«
»Ganz einfach. Kommt ein Akt auf meinen Schreibtisch, so schau ich ihn gar nicht an, sondern leite ihn auf dem Dienstweg weiter an Major Brown. Einen Major Brown muß es ja in diesem Riesenladen geben.« »Sehr richtig. Ich bin Major Brown.«

Senator Miller fährt über Land. Dabei gerät er auf eine Landstraße, die ein einziger Morast ist, und bleibt stecken. Zum Glück sieht er in der Nähe eine Farm, stapft durch den Schlamm und holt Hilfe. Der Farmer erweist sich als zugänglich; er holt seinen Traktor vom Hof und schleppt den Wagen des Senators ab. Gern gibt ihm der Senator die verlangten fünf Dollar.
»Da werden Sie sicher öfters herausgeholt, bei dieser schrecklichen Straße«, bemerkt der Senator.

»Ja, ja. Das geht den ganzen Tag so.«
»Dafür können Sie sich dann in der Nacht ausruhen.«
»Haben Sie eine Ahnung! Und wer schleppt in der Nacht das Wasser auf die Straße?«

Sergeant Taylor hat Heimaturlaub und berichtet den staunenden Mitgliedern seiner Heimatgemeinde von seinen Abenteuern im Koreakrieg.
»Bevor wir in Korea gelandet sind, schaute ich einmal über die Reling – und was sehe ich? Ein Torpedo kommt geradewegs auf unser Schiff zugeschossen –«
»Um Gottes willen!« schreit eine alte Dame. »Hoffentlich war es einer von den unsrigen!«

Koreakrieg. Den Amerikanern gelingt es, ein lang umkämpftes Dorf zurückzuerobern. Als der Rauch sich verzieht, schlüpft aus einem Erdloch ein kleines altes Männchen in Lumpen und mit versengtem Bart, hebt beide Hände und kreischt mit zitternder Stimme: »Hoch die Amerikaner!«
Ein mürrischer GI tritt auf ihn zu.
»Soso«, sagt er, »und was hast du geschrien, als die Chinesen gekommen sind?«
»Hoch die Chinesen natürlich!«
»Und wo ist da der Unterschied?«
»Euch sage ich, was ich bei den andern geschrien habe.«

Ein Diplomat wird in New York eingeführt. Sein Cicerone zeigt ihm das Empire State Building.
»Gibt es so etwas in Ihrer Heimat?« fragt der Cicerone voller Stolz.
»Nein«, sagt der fremde Diplomat erschüttert.
»Vom Dach aus kann man weit über hundert Meilen ins Land schauen«, fährt der Cicerone stolz fort. »Das Gebäude hat Hunderte von Lifts. Man kann alles darin kaufen, was man will. Es ist eine Stadt in der Stadt. Und es fehlen nur neunzehn Meter, und es wäre vierhundert Meter hoch! Was sagen Sie dazu?«
Der Diplomat schweigt beeindruckt.
»Und es besteht nur aus Stahl und Beton! Kein Feuer kann ihm etwas anhaben!«
Noch immer schweigt der Diplomat. Dann seufzt er auf und sagt:
»Schade.«

Der FBI organisiert in Washington eine Serie von Diskussionsabenden über das Thema: Die Menschenrechte. Auf dem Programm der nächsten Veranstaltung steht: »Freiheit des Wortes – Freiheit der Presse. Journalisten ist der Eintritt strengstens untersagt.«

Ein Zirkus gastiert in Washington. Zwei Königstiger entspringen. Sie verlieren einander aus den Augen, aber nach drei Wochen treffen sie sich durch Zufall wieder. Der eine strotzt vor Gesundheit und Fett, der andere ist nur mehr Haut und Knochen und schleicht mühselig einher.
»Was machst du nur, daß du so gut aussiehst?« fragt der Magere.
»Das ist doch ganz einfach. Ich gehe jeden Tag ins Pentagon und fresse jedesmal einen Admiral oder General. Bisher hat noch kein Mensch etwas bemerkt.«

Picasso stirbt und kommt an die Himmelstür.
»Was wollen Sie?« fragt ihn Petrus.
»Ich möchte in den Himmel.«
»Wer sind Sie?«
»Ich bin Picasso.«
»Das kann jeder sagen. Können Sie uns das beweisen?«
Picasso verlangt Papier und Kohle und macht eine Zeichnung, die Petrus sofort von seiner Identität überzeugt.
»Sie sind Picasso«, sagt er. »Kommen Sie in den Himmel.«
Etwas später fordert Pablo Casals Einlaß.
»Wer sind Sie?«
»Ich bin Casals.«
»Können Sie das beweisen?«
Casals verlangt ein Cello und spielt vor.
»Sie sind Casals, Sie können hereinkommen.«
Bald darauf klopft Eisenhower an die Himmelstür.
»Wer sind Sie?«
»Ich bin Eisenhower.«
»Können Sie das beweisen?«
»Hören Sie! Ich war Präsident der Vereinigten Staaten, jedes Kind auf der ganzen Welt kennt mich!«
»Es tut mir leid, aber bei uns muß jeder seine Identität beweisen. Gerade waren Picasso und Casals hier, und auch die mußten sich einer Prüfung unterziehen.«
»Wer ist Picasso? Wer ist Casals?«
»Sie *sind* Eisenhower!«

Der Sohn eines Generals im NATO-Hauptquartier fragt seinen Vater aus:
»Wieviel Atombomben braucht man, um Frankreich zu vernichten?«
»Schwer zu sagen«, antwortet der General. »Vielleicht zwanzig. Vielleicht auch dreißig.«
»Und England?« fragt der Sprößling.
»So genau kann man das nicht berechnen. Wahrscheinlich etwas mehr. Fünfundzwanzig oder fünfunddreißig, vielleicht vierzig.«
»Und die USA?«
»Liebes Kind, da fragst du mich wirklich viel. Fünfzig, sechzig, vielleicht auch achtzig.«
»Und die Sowjetunion?«
»Dreiundneunzig.«

In der New Yorker Untergrundbahn steht ein Neger und liest eine hebräische Zeitung. Dabei merkt er nicht, daß ihm schon längere Zeit ein Mann über die Schulter sieht. Schließlich berührt ihn der Mann am Arm und fragt:
»Neger allein genügt Ihnen nicht?«

Ein amerikanischer Senator nach einer Goodwill-Tour durch Europa:
»Alles war wunderbar. Überall hat man uns mit größter Herzlichkeit empfangen. Nur der König von Griechenland war ein bißchen kühl.«
Nach einer Pause fügt er zweifelnd hinzu:
»Oder war es der König von Belgien?«

In einem Städtchen in Missouri hält der Kandidat der Demokratischen Partei eine großangelegte Wahlrede. Der Saal ist gesteckt voll; zum Leidwesen des Kandidaten scheint das Publikum aber aus lauter Gegnern zu bestehen, die ihn mit Pfui-Rufen stören und schließlich dazu zwingen, die schöne Rede abzubrechen.
Protestierend verläßt das Publikum den Saal. Der Kandidat der Demokratischen Partei bleibt vernichtet am Rednerpult zurück.
»Machen Sie sich nichts daraus!« sagt der Saaldiener tröstend. »Das war nur der Abschaum unserer Stadt. Die anständigen Leute sind alle zu Hause geblieben.«

Deutschland

Das ist schön bei uns Deutschen; keiner ist so verrückt, daß er nicht einen noch Verrückteren fände, der ihn versteht.
Innig rührt es mich jedesmal, wenn ich sehe, wie sich dieses Gefühl der Untertanstreue in seinen einfachen Naturlauten ausspricht. Es ist ein so schönes Gefühl! Und es ist ein so wahrhaft deutsches Gefühl! Andere Völker mögen gewandter sein, und witziger und ergötzlicher, aber keines ist so treu, wie das treue deutsche Volk. Wüßte ich nicht, daß die Treue so alt ist, wie die Welt, so würde ich glauben, ein deutsches Herz habe sie erfunden. Deutsche Treue! Sie ist keine moderne Adressenfloskel. An Euren Höfen, Ihr deutschen Fürsten, sollte man singen und wieder singen das Lied von dem getreuen Eckart und dem bösen Burgund, der ihm die lieben Kinder töten lassen, und ihn alsdann doch noch immer treu befunden hat. Ihr habt das treueste Volk, und Ihr irrt, wenn Ihr glaubt, der alte, verständige, treue Hund sei plötzlich toll geworden, und schnappe nach Euren geheiligten Waden.
Heinrich Heine: Die Harzreise. 1824

Wenn einer bei uns einen guten politischen Witz macht, dann sitzt halb Deutschland auf dem Sofa und nimmt übel.
Satire scheint eine durchaus negative Sache. Sie sagt: »Nein!« Eine Satire, die zur Zeichnung einer Kriegsanleihe auffordert, ist keine. Die Satire beißt, lacht, pfeift und trommelt die große, bunte Landsknechtstrommel gegen alles, was stockt und träge ist.
Satire ist eine durchaus positive Sache. Nirgends verrät sich der Charakterlose schneller als hier, nirgends zeigt sich fixer, was ein gewissenloser Hanswurst ist, einer, der heute den angreift und morgen den.
Der Satiriker ist ein gekränkter Idealist: er will die Welt gut haben, sie ist schlecht, und nun rennt er gegen das Schlechte an.
Die Satire eines charaktervollen Künstlers, der um des Guten willen kämpft, verdient also nicht die bürgerliche Nichtachtung und das empörte Pfauchen, mit dem hierzulande diese Kunst abgetan wird.
Vor allem macht der Deutsche einen Fehler: er verwechselt das Dargestellte mit dem Darstellenden.
Der Einfluß Krähwinkels hat die deutsche Satire in ihren so dürftigen Grenzen gehalten. Große Themen scheiden nahezu völlig aus. Der einzige »Simplizissimus« hat damals, als er noch die große rote Bulldogge rechtens als Wappen führte, an all die deutschen Heiligtümer zu rühren gewagt: an den prügelnden Unteroffizier, an den stockfleckigen Bureaukraten, an den Rohrstockpauker und an das Straßenmädchen, an den fettherzigen Unternehmer und an den näselnden Offizier.
Übertreibt die Satire? Die Satire muß übertreiben und ist ihrem tiefsten Wesen nach ungerecht. Sie bläst die Wahrheit auf, damit sie deutlicher wird, und sie kann gar nicht anders arbeiten als nach dem Bibelwort: Es leiden die Gerechten und die Ungerechten.
Aber nun sitzt zutiefst im Deutschen die leidige Angewohnheit, nicht in Individuen, sondern in Ständen, in Korporationen zu denken und aufzutreten, und wehe, wenn du einer dieser zu nahe trittst. Warum sind unsere Witzblätter, unsere Lustspiele, unsere

Komödien und unsere Filme so mager? Weil keiner wagt, dem dicken Kraken an den Leib zu gehen, der das ganze Land bedrückt und dahockt: fett, faul und lebenstötend.
So schwillt ständischer Dünkel zum Größenwahn an. Der deutsche Satiriker tanzt zwischen Berufsständen, Klassen, Konfessionen und Lokaleinrichtungen einen ständigen Eiertanz. Das ist gewiß recht graziös, aber auf die Dauer etwas ermüdend. Die echte Satire ist blutreinigend: wer gesundes Blut hat, der hat auch einen reinen Teint.
Was darf die Satire?
Alles.
Kurt Tucholsky. 1919

Als die Frage der Wiederbewaffnung Deutschlands diskutiert wurde, gab der Bundesverband der deutschen katholischen Jugend eine Denkschrift heraus; in dieser Denkschrift hatte sich irgend jemand abgequält, eine Form für das Gebetbuch des zukünftigen deutschen Soldaten zu finden; die »nötige Strapazierfähigkeit und Gediegenheit« dieses Gebetbuchs sollte durch »gutes Dünndruckpapier und einen flexiblen Leineneinband erhöht werden«. Das sind genau die Sorgen der deutschen Katholiken. Jedes einzelne Wort dieses Satzes wäre fast eines eigenen Pamphletes wert: Strapazierfähigkeit, Gediegenheit, gutes Dünndruckpapier, flexibler Leineneinband. Ich habe in Rußland zu viele Menschen sterben sehen, auf den Kampfstätten, in den Lazaretten, und ich kann diesen Satz als nichts anderes empfinden als eine teuflische Blasphemie, deren Wurzeln ich in der Geschmäcklerei der deutschen Katholiken suchen muß. Angesichts des Todes, den die Brüder und Schwestern, die nach Auschwitz verschleppten Nachbarn und Schulkameraden des Urhebers dieses Satzes erlitten haben, könnte nur ärztlich bescheinigter Schwachsinn mich bewegen, diesen Satz zu verzeihen, doch wäre dann der Bundesvorstand der deutschen katholischen Jugend noch immer dafür verantwortlich, daß er Schwachsinnigen die Abfassung einer Denkschrift zur Wehrfrage überläßt.
Heinrich Böll: Brief an einen jungen Katholiken. 1958

Verführende Klugheit der Sprache:
ZK oder KZ.
Oder der Spitzname Ulbrichts: Genosse Zelle. Oder jener Redner, den ich einmal hörte, der die kommunistische Errungenschaft ungeteilter Gewalten lobte. Er meinte die Einheit von Legislative und Exekutive, sprach aber, was Freud gewiß in seine Sammlung aufgenommen hätte, von der »Einheit von Legislative und Exekution«.
Dem Geist ist jederzeit die souveräne Verachtung der jeweils Regierenden sicher. Entfällt sie, wird entweder nicht regiert oder nicht gedacht.
Ideologie ist Denkfaulheit.
Gerhard Zwerenz: Ärgernisse. 1961

Nach dem Aufstand des 17. Juni ließ der Sekretär des Schriftstellerverbandes in der Stalinallee Flugblätter verteilen, auf denen zu lesen war, daß das Volk das Vertrauen der Regierung verscherzt habe und es nur durch verdoppelte Arbeit zurückerobern könne. Wäre es da nicht einfacher, die Regierung löste das Volk auf und wählte ein anderes?
Bert Brecht (aus dem Nachlaß)

Moses Mendelssohn, Philosoph, Großvater des Komponisten Felix Mendelssohn und Vater des Mannes, der gesagt hat: »Ich bin nur der Sohn meines Vaters und der Vater meines Sohnes«, geht in Berlin spazieren.
Ein Offizier ruft ihm zu:
»Jud, womit handelst du?«
»Mit meiner Ware«, erwidert Moses Mendelssohn, »können Sie nichts anfangen, Herr Offizier! Ich handle mit Verstand.«

Der Berliner *Kladderadatsch* philosophierte 1848:
»Das Standrecht ist ein Rechtsstand, vor dem kein Recht standhält.«

Müller und Schulze, Berlin, diskutieren:
Schulze: »Sag mal, Müller, was ist denn das: Kriegsrecht?«
Müller: »Kriegsrecht ist, wo kein Krieg und kein Recht ist.«
Schulze: »Warum heißt es dann Kriegsrecht?«
Müller: »Ganz einfach, weil dem Recht der Krieg erklärt worden ist!«

1848. Die satirische Zeitschrift *Der Berliner Krakehler* schrieb:
»Im Anfang schuf Gott König und Völker, und die Völker wurden wild und widerhaarig, und ein finsterer Groll lag in ihrer Seele, und der Geist der Revolution schwebte über Städte und Dörfer. Und das Volk sprach: es werde Licht! Und die Revolution brach los! – Und das Volk sah an alles, was es gemacht hatte, und siehe da: es war alles oberfaul!«

In seinem Buch *Preußens Gloria* berichtet Hartmann Goertz von einer Inspektionsreise des General Wrangel durch die Marken (desselben General Wrangel, der 1848 die Revolution niedergeschlagen hatte). Die *Konstitutionelle Korrespondenz* berichtete laufend über Wrangels Reise, und der *Kladderadatsch* ließ das »konstitutionelle« Amtsblatt in seinen Spalten zu Wort kommen:
»Das war keine Inspektionsreise – das war ein Triumphzug, das war kein Triumphzug – das war eine Vergötterung, das war keine Vergötterung – das war das Höchste, dessen teilhaftig zu werden der schwache zwischen dem 3. und 4. Fall schwankende Verstand (mir und mich!) eines Sterblichen sich jemals rühmen zu können vermeinen würde.
Lest die *Konstitutionelle Korrespondenz*, und Ihr werdet es begreifen!

Ein schlichtes Landmädchen trat aus den in Reih und Glied aufgestellten Dorfbewohnern hervor und sprach wörtlich:
Vater Wrangel! In unserm Dorfe wachsen keine Lorbeeren, sonst würden wir dir mit Lorbeerzweigen entgegengekommen sein, so haben wir nur Eichenzweige zu bringen, aber so fest wie die Eichen usw.
Das war aber nur die erste Station: wir haben genaue Nachrichten von den andern.
K. K. aus einem Dorf bei Greifswald: Die ganze Bevölkerung mit Hab und Gut, Familie, Gesinde und Hausvieh stand in freudiger Begeisterung da. Eine von diesen trat hervor und sprach:
Herr von Dänemark! In unserm Dorfe wachsen keine Eichen, so haben wir nur Tannenzapfen zu bringen, aber so wie der Zapfenstreich ... Rührung erstickte ihre Stimme.
K. K. bei Demmin: Sogar die Gänse streckten neugierig die Hälse aus. Eine aber, weiß angetan, trat hervor und sprach: Besieger der Mark! In unserm Dorfe wachsen keine Tannen, so bringen wir aus treuer pommerscher Brust nur Löffelerbsen, aber so gesund wie die Löffelerbsen sollst du ... Schüchternheit ließ sie schweigen.
K. K. bei Treptow: ... und die Anmutigste sprach: Hier wachsen keine Löffelerbsen, so können wir nur Grütze bringen. Aber wie die Grütze im menschlichen Haupte ... Tränen entrollten ihr.
K. K. bei Pasewalk: Ein Mädchen aber, als Jungfrau verkleidet, öffnete seinen Mund: In unserm Dorfe wächst keine Grütze, so können wir nur Vergißmeinnicht ... Sie konnte nicht mehr.
K. K. vor Berlin: Die Holdseligste spaltete die Lippen ihres Mundes: O Herr, in unserem Dorfe wachsen keine Vergißmeinnicht, so können wir nur Gras bringen. Aber so wie das Gras, das du einst trauernd auf den Straßen Berlins sahst, heute noch frisch vor deinem Hause steht – und wie es selbst alt geworden – noch als Heu ... nützlich ist ... so immergrün soll ... Sie stürzte dem Helden zu Füßen.
Dem Verdienste seine Kränze.«

Kurz nach Bismarcks Ernennung zum preußischen Ministerpräsidenten erließ der *Kladderadatsch* folgende (imaginäre) Verordnung:

1. Das Zivil verschwindet bis auf den Namen mit allem, was daran erinnert.
2. Es gibt nur Militär.

3. Das Militär besteht aus dem stehenden Heer mit seinen Reserven.
4. Lebenslängliche Dienstzeit.
5. Frauen und körperlich Behinderte sorgen für die anderen Staatsgeschäfte.

»Vom Hunsrück kommt die Kunde«, schrieb der *Kladderadatsch* über die deutsche Flottenbegeisterung, »von einem Vorgang, der in den weitesten Kreisen Teilnahme erregen wird.
Auf dem zwischen Simmern und Zell gelegenen Gute eines Herrn von K. lebt der frühere Arbeiter und jetzige Sackflicker Däsing. Trotz seiner sechsundachtzig Jahre ist der Greis noch frisch und rege und nimmt durch Vermittlung des Kreisblattes lebendigen Anteil am politischen Leben. Vor allem interessiert er sich für unsere Wehrhaftigkeit zur See und nennt sich selbst einen Flottenschwärmer.
Als nun die Kunde kam, daß die Torpedoflotte den Rhein hinaufdampfte, begann der Alte unruhig zu werden. Er erklärte, er müsse an den Rhein hinab, um seine alten Augen an dem Anblick der Kriegsschiffe zu weiden, und rüstete sich zum Aufbruch. Da warf ihn ein tückischer Gichtanfall in beiden Füßen auf sein dürftiges Lager. Er war untröstlich und verfiel in einen Tiefsinn, aus dem ihn kein Zuspruch aufzurütteln vermochte. Als nun noch das Kreisblatt die Meldung brachte, daß die Divisionsboote wegen des niedrigen Wasserstandes nach Köln zurückfahren müßten, rief er aus: ›Das überlebe ich nicht!‹ Er erhob sich trotz seiner Schmerzen, holte eine alte schwarz-weiß-rote Schärpe hervor, die er schon lange wie ein Heiligtum verwahrt hatte, und humpelte damit nach dem Ziegenstall.
Von schlimmen Ahnungen erfüllt, folgten ihm seine Angehörigen und kamen eben noch zur rechten Zeit, um den Lebensmüden durch die Wegnahme der Schärpe an der Ausführung seines grausigen Vorhabens zu hindern.
Als dem Gutsherrn von K. dieser erschütternde Vorgang gemeldet wurde, ließ er sogleich anspannen und fuhr den greisen Patrioten selbst zum Rhein hinunter. Alle Flottenvereine des Rheinlandes haben den Alten schon telegrafisch zum Ehrenmitglied ernannt, die übrigen Vereine im ganzen Reich dürften in kurzer Zeit ihrem Beispiel folgen.«

Jahrhundertwende. Ein preußischer General besichtigt ein Regiment. Als er die Front abgeschritten hat, wendet er sich an den

Regimentskommandeur und sagt: »Ihr Regiment gefällt mir ganz und gar nicht! Die Kerle sehen ja alle noch ganz verschieden aus!«

Ein preußischer Wachtmeister:
»Schade, daß der Kerl erfroren ist! Seine Papiere waren so schön in Unordnung!«

Während der Neger-Aufstände in Deutsch-Ostafrika erläßt das Ministerium in Berlin folgende Anweisung an die zuständigen Stellen:
»Die Eingeborenen sind dahingehend zu instruieren, daß sie unter Androhung schwerer Strafen jeden Aufstand sechs Wochen vor Ausbruch schriftlich anzumelden haben.«

Der deutsche Kaiser Wilhelm II. besucht Jerusalem. Es wird beschlossen, ihm eine Rabbiner-Abordnung entgegenzuschikken. Auch Rabbi Hersch Rubinstein soll dabei sein. Rabbi Hersch Rubinstein ist aber seit dreißig Jahren nicht aus den Mauern der Stadt gekommen. Entweder sitzt er in seinem Zimmer und klärt, oder er betet an der Klagemauer. Die Aufforderung, dem deutschen Kaiser entgegenzugehen, stürzt ihn in einen schrecklichen Gewissenskonflikt.
Soll ich gehen? fragt er sich, wo ich seit dreißig Jahren nicht gegangen bin, oder soll ich nicht gehen und den Kaiser brüskieren? Er geht durch die Gassen und klärt. Dabei stolpert er über eine Treppe, stürzt und bricht sich ein Bein.
»Gott sei Dank!« sagt er. »Die Frage ist entschieden.«

Berichtigung: »In der gestrigen Nummer sollte es natürlich nicht heißen: der *Knor*prinz, sondern: der *Korn*prinz.«
Berichtigung: »Auch in der letzten Nummer ist noch ein Versehen unterlaufen: natürlich mußte es heißen: der *Kron*prinz; wir bitten unsere geschätzten Leser, diesen *Dreck*fehler zu entschuldigen.«
Der Setzer wurde mit Gefängnis bestraft.

Hoher Offizier: »Sie, Rekrut, bleiben Sie stehen! Warum grüßen Sie nicht? Sie haben zu grüßen, verstanden! Wissen Sie, wer ich bin?«
Rekrut: »Nein, keine Ahnung.«
Offizier: »Ich bin Ihr Divisionskommandeur!«
Rekrut (leutselig): »Der Posten ist gut, den halten Sie nur fest!«

Feldwebel auf dem Kasernenhof: »Sie, Schulze! Ihnen werd' ich noch das Grüßen beibringen! Den Leutnant, der eben vorbeigegangen ist, haben Sie sehr mangelhaft gegrüßt!«
Rekrut Schulze: »Jawohl, Herr Feldwebel. Aber der Leutnant ist mein Bruder.«
Feldwebel: »Das ist ganz egal! Und wenn es Ihr eigener Vater ist, so müssen Sie doch Respekt vor ihm haben!«

Hofbericht: Hierauf begaben sich die *Allerhöchsten* in den Dom, um dem *Höchsten* zu danken.

Einstein hat seine Relativitätstheorie entwickelt. Ein Freund fragt ihn aus.
»Ich weiß nicht, was daraus werden wird«, sagt Einstein, »aber eins weiß ich: wenn alles gut geht, werden die Deutschen sagen, ich bin ein Deutscher, und die Franzosen werden sagen, ich gehöre der ganzen Welt. Wenn es aber schiefgeht, dann werden die Franzosen sagen, ich bin ein Deutscher, und die Deutschen werden sagen, ich bin ein Jud.«

Hindenburg wettert über die Verlotterung der Jugend.
Der Souffleur: »Nächtelang treiben sie sich in Bars herum –«
Hindenburg (mit sonorer Stimme): »Nächtelang treiben sie sich in Bars herum –«
Souffleur: »– und auf Bällen –«
Hindenburg (flüsternd): »Wie?«
Souffleur: »– und auf Bällen – Bällen –«
Hindenburg (sonor): »Wau-wau.«

Wahlkampf 1932. Hitler hält eine Wahlrede und kündigt mit hysterischem Gebrüll einen erbarmungslosen Kampf gegen die Juden an. Er wird aber währenddessen irritiert durch den Anblick eines alten Juden, der wie durch ein Wunder den Blicken der Schläger, die als Saalordner fungieren, entgangen ist, und der nun Hitlers Wutausbrüche gegen die Juden quittiert, indem er sich den Bart streicht und versonnen vor sich hinlächelt.
Endlich hält es Hitler nicht mehr aus. Er stürzt von der Rednertribüne auf den alten Juden zu, packt ihn an der Brust:
»Warum grinsen Sie so unverschämt? Was denken Sie sich überhaupt?«
»Ich hab' gerade gedacht, Herr Hitler, es war einmal ein König, ein Pharao, der war ein grausamer Antisemit und wollte alle

Juden ausrotten. Und was ist geschehen? Er ist gestorben, und wir Juden essen heute zur Erinnerung an diese Episode Mazzes. Haman war auch ein grausamer Antisemit. Auch er wollte alle Juden ausrotten. Und was ist geschehen? Er ist gestorben, gehängt ist er worden, und zur Erinnerung daran essen wir Juden zum Purimfest Hamantaschen. Und jetzt denk' ich immer daran: was für eine Mehlspeis werden wir Juden essen – zur Erinnerung an Sie, Herr Hitler?«

Das von allen Parteigenossen langersehnte Ereignis war eingetreten. Reichspräsident Hindenburg hatte den Führer der NSDAP, Adolf Hitler, am 30. Januar 1933 zum deutschen Reichskanzler ernannt.
Hitlers Propagandachef Goebbels organisierte nach dem Muster von Mussolinis »Marsch auf Rom« nachträglich einen »Marsch auf Berlin«.
Am Abend des 30. Januar marschierten Nazi und Stahlhelm-Leute im Fackelzug durchs Brandenburger Tor in Richtung Wilhelmstraße. Am Fenster des Reichspräsidentenpalais standen Hindenburg und Hitler und sahen dem Schauspiel zu. Der greise Generalfeldmarschall, Sieger von Tannenberg, sah starr auf die fanatisch brüllenden Massen hinunter. Erst als die endlosen Kolonnen der SA in ihren braunen Hemden unten vorbeizogen, kam Leben in Hindenburg. Er wandte sich an Hitler und fragte interessiert:
»Wo haben wir denn die vielen Russen da gefangen?«

SA dringt ins Hamburger Rathaus ein, um es zu besetzen. Ein Rathausdiener, der gerade Staub wischt, stellt sich ihnen in den Weg.
»Aber meine Herren!« sagt er vorwurfsvoll. »Muß das denn gerade heute sein, wo wir doch gestern frisch gebohnert haben?«

Eines Tages, nachdem der neue Reichskanzler Hitler den Reichspräsidenten verlassen hatte, fragte Hindenburg seinen Staatssekretär:
»Sagen Sie mal, Meißner – da war doch früher immer so ein netter junger Mann mit 'ner Brille bei uns Reichskanzler?«
»Ach, Sie meinen Dr. Brüning, Herr Reichspräsident?«
»Richtig!« murmelte der Greis. »Der kommt aber gar nicht mehr. Ist der denn nicht mehr bei uns?«

Wieder war Hitler zum Vortrag beim Reichspräsidenten Hindenburg. Danach rief Hindenburg seinen Staatssekretär zu sich und fragte:
»Seit wann trägt Brüning eigentlich einen Schnurrbart?«

Nach den Terrormaßnahmen, die Hitlers Machtergreifung folgten, hieß es im Volksmund:
»Das alles wäre nicht passiert, wenn Hindenburg noch *gelebt* hätte!«

Ein Mann betritt ein Delikatessengeschäft:
»Ich möchte einen Hitlerhering!«
»Hitlerhering? Führen wir nicht. Was soll denn das sein?«
»Ein Bismarckhering, nur ohne Kopf.«

Am Abend des 27. Februar 1933 kommt Görings Adjutant atemlos ins Arbeitszimmer seines Chefs gestürzt. »Herr Ministerpräsident!« schreit er. »Der Reichstag brennt!«
Göring schaut auf die Uhr und schüttelt verwundert den Kopf.
»Schon?«

»Gestern hab' ich Göring in der Leipziger Straße gesehen.«
»So? Wo hat's denn da gebrannt?«

In Deutschland wird eine neue Gewichtseinheit eingeführt, Göring genannt.
Eine Göring ist die Summe von Blech, die ein Mann an der Brust tragen kann.

Zu Beginn des Dritten Reichs gingen die jüdischen Schüler noch zusammen mit ihren »arischen« Kameraden in die öffentlichen Schulen.
»Was weißt du von den alten Germanen?« wird der kleine Moritz vom Lehrer gefragt.
»Nur das Beste, Herr Lehrer, nur das Beste!«

Eine Berliner Firma schließt ihren Geschäftsbrief an ein Amsterdamer Kaufhaus routinemäßig mit der Floskel:
»Mit deutschen Gruß: Heil Hitler!«
Der holländische Geschäftspartner schließt sein Antwortschreiben mit folgenden Worten:
»Mit holländischem Gruß! Und unsere gute Königin Wilhelmina läßt auch schön grüßen.«

Die Irrenanstalt in K. erwartet den Besuch eines hohen Funktionärs der nationalsozialistisch dirigierten Ärztefachschaft. Drei Tage lang muß die ganze Anstalt in strammer Haltung den Deutschen Gruß üben.
Als das hohe Tier kommt, stehen alle Insassen der Irrenanstalt in Reih und Glied, heben den Arm und schreien wie ein Mann:
»Heil Hitler!«
Nur der letzte in der Reihe rührt sich nicht und macht den Mund nicht auf.
Der Besucher sieht ihn strafend an und fragt:
»Warum grüßen Sie nicht wie die anderen?«
»Entschuldigen Sie bitte, aber ich bin nicht verrückt!«

Ganz zu Anfang des Tausendjährigen Reichs sitzt in einem D-Zug nach Frankfurt am Main ein SA-Führer einem Juden gegenüber.
Der Anblick des Juden läßt ihm keine Ruhe; er muß ihn provozieren.
»Sag, Jud«, fragt er ihn, »wer trägt die Schuld daran, daß wir den Krieg verloren haben?«
»Die jüdischen Generäle, Herr Sturmführer.«
»Wieso? Wir haben doch gar keine jüdischen Generäle gehabt!«
»Wir nicht, Herr Sturmführer, aber die anderen!«

In den ersten Jahren der nationalsozialistischen Herrschaft wurde die Aufrüstung unter strengster Geheimhaltung betrieben.
Bei Machulke & Co in Küstrin wird alles erzeugt, wofür die deutsche Familie Bedarf hat. Zur Belegschaft der Fabrik zählt auch Max Borstke. Er arbeitet in der Kinderwagenabteilung.
Max Borstke hat seinem Schwager, dem Oberhaupt einer vielköpfigen Familie, einen Kinderwagen versprochen.
Aber das Geschenk läßt auf sich warten. Es vergeht ein Monat, es vergehen zwei Monate. Nach drei Monaten endlich stellt der Schwager Max Borstke zur Rede. Max rechtfertigt sich:
»Du wirst dich wundern, ich nehme mir jeden Tag einen Bestandteil nach Hause mit.«
»Na und? Das dauert so lang?«
»Laß dir doch erklären! Nach zwei Wochen schon hätte ich alle Teile zusammengehabt –«
»Zwei Wochen? Seither sind schon drei Monate vergangen!«

»Richtig. Laß mich doch ausreden! Ich habe die Arbeit schon fünfmal angefangen, ja sogar fertiggebracht, und alle fünfmal ist kein Kinderwagen herausgekommen, sondern, ob du mir's glaubst oder nicht, ein Maschinengewehr!«

Meier hat mit Müh und Not dreihundert Mark erspart und trägt sie auf die Bank, weil er gehört hat, daß man das so macht.
Als er am Bankschalter steht, um einzuzahlen, kommen ihm aber doch Bedenken, sich von dem schönen Geld zu trennen.
»Sagen Sie«, fragt er den Bankbeamten, »ist das Geld bei Ihnen bestimmt gut aufgehoben?«
»Aber ich bitte Sie!« antwortet ihm der Beamte mit überlegenem Lächeln. »Natürlich steht Ihnen die Bank für den Betrag jederzeit gut!«
»Was ist aber, wenn die Bank in Konkurs geht?«
»Das ist zwar sehr unwahrscheinlich, lieber Herr ... aber bitte: in diesem Fall würde natürlich das Deutsche Reich die Garantie übernehmen.«
»Und wenn das Deutsche Reich zugrunde geht?«
»Also *das* sollte Ihnen dreihundert Mark wert sein.«

Ein biederes Schwabenmädchen steigt in Stuttgart in die Straßenbahn ein und grüßt freundlich die Mitfahrenden:
»Grüß Gott, ihr Leutle, und au e ›Heil Hitler‹ für die Andersdenkende!«

Tünnes besucht seinen Freund Schäl und sieht, daß Schäl ein Kruzifix zwischen den Bildern von Hitler und Goebbels angebracht hat.
Vorwurfsvoll sagt Tünnes:
»Du, ich mein aevver, dat wor nit räch, dä Heiland zwische die beide ze hänge!«
Sagt Schäl darauf:
»Ich weiß nit, wat du wells! Dä hing doch in der biblischen Gescheech och zwischen zwei Schächer!«

Tünnes und Schäl manchen eine Besorgung auf der Stadtkasse. Als sie das Gebäude verlassen, müssen sie feststellen, daß man inzwischen ihre Fahrräder gestohlen hat.
Sagt der Tünnes: »Du Schäl, die Nazis hann us Fahrräder jeklaut.«
Darauf der Schäl: »Warömm die Nazis?«

»Dat is doch klar, achtundneunzig Prozent sinn Nazis, un mir zwei woren doch drin!«

Ein evangelisch getaufter Jude hört die Predigt eines Pfarrers, der sich zu den »Deutschen Christen« bekennt (eine Gruppe fanatischer Nationalsozialisten innerhalb der evangelischen Kirche).
Geduldig läßt der Mann die schwersten antisemitischen Ausfälle über sich ergehen. Er möchte sich nicht aus der Gemeinde der Gläubigen ausschließen lassen. Schließlich beginnt der Pfarrer eine wüste Haßtirade gegen die Juden.
Der Jude schwankt: soll er nun gehen oder nicht?
Da spürt er plötzlich, wie sich eine Hand auf seine Schulter legt, und hört, wie eine sanfte Stimme zu ihm sagt:
»Nun müssen wir beide aber wohl gehen.«
Es ist Jesus.

In Deutschland hat man die katholischen Marientage umbenannt.
Sie heißen jetzt:
Maria Denunziata
Maria Haussuchung
Maria Gefängnis.

In einem Zirkus bricht mitten während der Vorstellung ein Löwe aus und springt ins Publikum.
Panik.
Geistesgegenwärtig packt ein junger Mann einen Stuhl und schlägt dem Löwen damit so fest auf den Schädel, daß der zusammenbricht.
Ein Reporter stürzt auf den Helden zu, um ihn zu interviewen.
»Wie ist Ihr Name?« fragt er aufgeregt.
»Isidor Kohn.«
Am nächsten Tag steht im *Völkischen Beobachter*:
»Frecher Judenlümmel mißhandelt edles Tier!«

Ein Mann steht vor dem Richter:
»Sind Sie Jude?« fragt ihn der Vorsitzende, »oder sonstwie vorbestraft?«

Wenn Goebbels spricht, kommen die Zuhörer aus dem Staunen darüber nicht heraus, wie weit der kleine Mann sein Maul aufreißen kann. Der Volksmund behauptet, Goebbels sei nur darum Ehrenbürger der Spargelstädte Braunschweig und Beelitz geworden, weil er den Spargel *quer* essen kann.

In der Hölle gibt es einen großen Sumpf für die Lügner. Je mehr einer im Leben gelogen hat, desto tiefer versinkt er darin. Hitler und Göring, die bis zum Hals drin stecken, sehen voll Neid auf den kleinen Goebbels, der nur bis zum Bauch eingesunken ist.
»Du bist doch der größte Lügner, den es je gegeben hat! Wieso bist du noch nicht versunken?« fragen sie ihn.
»Ich stehe auf Mussolinis Schultern«, sagt Goebbels.

Ein Fabrikbesitzer, der erfahren hat, daß er auf der Schwarzen Liste der NSDAP steht, meldet sich beim allmächtigen Gauleiter und deutet ihm unter vier Augen an, daß er gern bereit wäre, eine erkleckliche Summe springen zu lassen, damit sein Name aus der Liste verschwinde.
»Als Nationalsozialist muß ich Ihr Ansinnen auf das schärfste zurückweisen!« sagt der Gauleiter. »Als Mensch aber frage ich Sie: was zahlen Sie freiwillig?«

Ein ostpreußischer Warenhausbesitzer besucht auf der Leipziger Messe auch den Stand eines Geschäftsfreunds, der ihm seit Jahr und Tag gerahmte »Bilder für das deutsche Heim« liefert.
»Was haben Sie Neues?«
Der Lieferant empfiehlt dem Warenhausbesitzer das neueste Porträt Hitlers in Goldrahmen und Göring als Lohengrin in silbernem Rahmen.
»Wer kauft das heute noch? Ich sammle doch keine Ladenhüter!«
Der Lieferant, dem an einem Abschluß sehr gelegen ist, zeigt seinem alten Kunden seinen neuesten Schlager: eine bisher geheimgehaltene Aufnahme Schlageters unmittelbar nach der Erschießung durch die Franzosen auf der Totenbahre.
Der ostpreußische Warenhausbesitzer sieht sich das historische Bild aus der Zeit der Ruhrbesetzung nach dem Ersten Weltkrieg genau an. Dann sagt er:
»Wenn Sie mir die zwei anderen in dieser Aufmachung liefern können, bestelle ich sofort gegen bar zwanzigtausend Stück in Platinrahmen!«

Vor dem Sondergericht in Essen stehen drei Angeklagte. Sie werden beschuldigt, einen SA-Mann verprügelt zu haben. Überraschenderweise kommen sie mit der milden Strafe von zwei Jahren Gefängnis pro Kopf davon. Im Urteil wird diese Milde folgendermaßen begründet: angesichts der Verwerflichkeit der Tat sei zwar eine ungleich härtere Strafe angemessen gewesen, doch habe das Gericht als strafmildernd gelten lassen, daß den Angeklagten ihre Täterschaft in keiner Weise nachgewiesen werden konnte.

Der »Frankenführer« Julius Streicher, Herausgeber des antisemitischen Hetzblatts *Der Stürmer*, war der Wortführer des 1934 proklamierten Boykotts der jüdischen Geschäfte. Eines Tages erhielt er aus einer kleinen norddeutschen Stadt folgendes Telegramm:
»sendet sofort juden stop sonst boykott unmöglich!«

Eine rheinische Stadt während des Boykotts. Vor den jüdischen Geschäften stehen SA-Leute und »warnen« alle Vorübergehenden, das Geschäft zu betreten.
Eine Frau will in ein Wirkwarengeschäft. Der Posten hält sie an:
»Sie! Draußen bleiben! Das ist ein Judenladen!«
»Na und? Ich bin selber Jüdin!«
Der Posten schiebt sie barsch zurück:
»Das kann jeder sagen!«

»Gestern ist Bernhard verhaftet worden.«
»So ein anständiger Mensch! Und warum?«
»Na, darum!«

Um der angeblichen Lüge der Emigrantenpresse, die Nazi besäßen keinen Sinn für Humor, ein Ende zu bereiten, veranstalten Göring und Goebbels im Einvernehmen mit Hitler ein Preisausschreiben für die besten politischen Witze über das Dritte Reich. Folgende Preise werden ausgesetzt:
Erster Preis: Drei Jahre Zuchthaus.
Zweiter Preis: Zwei Jahre Konzentrationslager.
Dritter Preis: Freie Besichtigung der Gestapokeller mit anschließendem Verhör.

Was gibt's für einen neuen Witz?
Ein Jahr Gefängnis.

Schwitzke ist als Funktionär eines katholischen Männergesangvereins unliebsam aufgefallen. Kam ins KZ. Wurde durch Fürsprache hochmögender Freunde vorzeitig entlassen.
»Na«, fragt ihn sein Nachbar Prokriefke, »wie war's denn im KZ?«
»Gott«, sagt Schwitzke, »es war zu ertragen. Um acht war Wecken, Frühstück gab's um neun, Kaffee, Tee oder Kakao nach Wahl, dazu Weißbrot, Butter, Marmelade. Dann ein bißchen Sport; wer wollte, konnte auch leichte Arbeit machen, damit man nicht versauert, Sie verstehen. Mittagessen war einfach, aber gute Hausmannskost: Suppe, Fleisch mit Beilagen, Kompott. Danach legten wir uns eine Stunde aufs Ohr, dann wieder leichte Arbeit. Nach dem Essen ging's ins Kino oder ins Lagertheater, ganz gutes Programm, muß ich sagen; man konnte auch in die Lesehalle gehen, die Bibliothek war recht gut, viel Erbauliches, Klassiker und so, na, und dann war Nachtruhe. Im großen und ganzen, wie Sie sehen, recht erträglich.«
»Unglaublich«, staunt Prokriefke, »was da zusammengelogen wird! Müller, der auch im KZ war und den ich unlängst gesprochen habe, hat mir geradezu Schauermärchen erzählt!«
»Dann wundert mich gar nichts mehr«, sagt Schwitzke. »Da weiß ich wenigstens, warum er schon wieder drinnen ist!«

In Leipzig betritt eine Frau eine Buchhandlung.
»Mein Mann ist krank«, sagt sie, »ich möchte ihm gern etwas zum Lesen kaufen.«
»Darf es was Nationales sein?« fragt der Verkäufer eifrig.
»Nein! So krank ist er wieder nicht!«

Ein junges Mädchen kommt in eine Buchhandlung und verlangt schüchtern und errötend die Erzählung *Aus dem Leben eines Taugenichts*.
Der junge Verkäufer klettert aufs Regal und überreicht dem Mädchen strahlend Hitlers *Mein Kampf*.

Ein Mann kommt zum Standesamt.
»Ich möchte meinen Namen ändern lassen«, sagt er. Der Beamte wiegt den Kopf
»Das ist nicht so einfach«, sagt er »Wie heißen sie denn?«
»Adolf Schleimspeier.«
»Na ja, das ist allerdings nicht sehr hübsch. Ihr Wunsch ist bis

zu einem gewissen Grad verständlich. Wie möchten Sie denn heißen?«
»Der Familienname ist mir ganz egal. Nur Adolf möchte ich nicht mehr heißen.«

Internationaler Chirurgenkongreß 1936 in Genf.
Beim Festessen unterhalten sich Ärzte verschiedener Nationen über die Fortschritte der Chirurgie.
»Uns ist es gelungen, einen großen Teil des Darms zu entfernen«, erklärt ein amerikanischer Arzt, »und durch Plastikröhren zu ersetzen. Wie die klinischen Erfahrungen beweisen, funktioniert die Verdauung nach diesem Eingriff ganz normal.«
»Ganz schön«, mischt sich ein schwedischer Arzt ein. »Aber wir haben Methoden entwickelt, ein bereits stillstehendes Herz durch operativen Eingriff wieder in Gang zu bringen. Was sagen Sie dazu?«
Ein deutscher Chirurg läßt sich nicht zurückstellen.
»Das ist alles noch gar nichts!« sagt er. »Bei uns hat man einem Großteil des Volkes das Gehirn herausgenommen, und kein Mensch merkt etwas davon!«

Während eines Presseempfangs wendet sich der Reichsminister für Volksaufklärung und Propaganda, Dr. Joseph Goebbels, an einen amerikanischen Journalisten und sagt:
»Wenn Ihr Roosevelt eine SS hätte wie unser Führer, dann gäbe es in den USA keine Gangster mehr!«
»Bestimmt nicht«, erwidert der Amerikaner höflich. »Die wären dann alle längst Standartenführer.«

»Mein lieber Sohn!« sagt ein alter Verbrecher auf dem Sterbebett. »Ich hatte das Unglück, in einem finsteren Zeitalter geboren zu werden, und so wurde ich Verbrecher. Du hast das Glück, im neuen Deutschland zu leben. Werde Staatsmann!«

Welcher Männergesangverein ist der teuerste der Welt?
Der Deutsche Reichstag.
Warum?
Seine Mitglieder kommen einmal jährlich zusammen, singen die Nationalhymne ab und bekommen dafür sechshundert Mark monatlich!

Nach vieler Müh und Not ist es Blau endlich gelungen, ein amerikanisches Affidavit zu erlangen und nach New York zu

kommen. Dort besucht er seinen Freund Kohn, der sich schon seit einem Jahr in New York etabliert hat.
Zu seinem größten Erstaunen sieht Blau, daß in Kohns Privatbüro ein Hitlerbild an der Wand hängt.
»Bist du wahnsinnig geworden?« fragt er ganz entsetzt. »Wozu hast du das da?«
»Gegens Heimweh.«

Der Münchner Komiker Karl Valentin trifft nach der »Volksabstimmung« vom 10. April 1938 auf dem Stachus einen Bekannten.
»Was sagen Sie dazu?« fragt der Bekannte. »Achtundneunzig Prozent haben für Hitler gestimmt!«
»Merkwürdig«, gibt Karl Valentin zur Antwort, »ich treff' überall nur die zwei Prozent.«

Karl Valentin zieht in seinem Münchner Kabarett historische Bilanz:
»Früher haben bei uns die Ultramontanen geherrscht. Und was haben wir gehabt? Bonzen. Dann, nach der Revolution, sind die Marxisten gekommen. Und was haben wir gehabt? Bonzen. Jetzt, endlich, haben wir die Nationalsozialisten. Und was haben wir heute? Freitag.«

»Ich gebe Ihnen mein Ehrenwort!«
»Moment! Welches Ehrenwort meinen Sie? Das von Hitler? Das von Papen? Das deutsche Manneswort? Das soldatische Ehrenwort? Das reichsdeutsche? Das österreichische? Das italienische? Das faschistische? Das nationalsozialistische?«
»Ich meine das Ehrenwort, das man hält!«
»Ja, gibt's denn das auch noch?«

»Es riecht verdammt nach Krieg.«
»Warum?«
»Hitler hat wieder eine Friedensrede gehalten.«

Hitler beteuert vor den Vertretern der ausländischen Presse seine Friedensliebe.
»Sehen Sie sich doch in Deutschland um!« sagt er. »Das Volk steht unter strengster Aufsicht, es trägt Ersatzstoffe, Kaffee, Tee, Kako und Butter werden knapp, der Verbrauch von Gummi, Metallen und anderen Rohstoffen ist rationiert, die

Zwangsarbeit ist eingeführt, morden tun wir auch – wozu braucht Deutschland noch Krieg, wenn es das alles schon im Frieden hat?«

Nach dem Sieg über Frankreich steht Hitler an der Kanalküste und schaut sehnsüchtig zum Kreidefelsen von Dover hinüber.
»Wie komme ich nur da hinüber?« fragt er seine Mitarbeiter.
Keiner weiß Rat. Nur Goebbels meldet sich:
»Wie sind die Juden durchs Rote Meer gekommen?« fragt er.
»Moses hat das Wasser geteilt!«
Hitler schnauzt den Reichsführer SS Himmler an:
»Her mit dem Mann!«
Sofort werden alle Konzentrationslager durchgekämmt. Moses wird gefunden und zu Hitler gebracht.
»Wie hast du das Rote Meer geteilt?«
»Mit einem Stab.«
»Her damit! Wo ist der Stab?«
»Im Britischen Nationalmuseum in London.«

In einem deutschen Kriegsgefangenenlager meldet sich der Lagerälteste zum Rapport und beklagt sich beim diensthabenden Offizier über das schlechte Essen.
»Hör'n Sie mal zu«, sagt der Offizier, »wir Deutsche führen Krieg in Afrika, über England, hoch im Norden und im Kaukasus. Da muß jeder den Gürtel enger schnallen. Uns Deutschen geht es auch nicht besser. Jeder muß Opfer bringen! Verstehen Sie das, Mann?«
»Jawohl«, sagt der Lagerälteste, »das versteh' ich schon. Aber eins versteh' ich nicht: wozu halten Sie sich dann Gefangene?«

An der schweizerisch-deutschen Grenze stehen zwei Buben einander gegenüber. Der Schweizer Bub lutscht voll Genuß an einem Stück Schokolade, und dem deutschen Buben läuft das Wasser im Mund zusammen.
»Ätsch, wir haben Schokolade!« ruft der Schweizer.
Der deutsche Bub denkt fieberhaft nach, wie er den Schweizer ärgern könnte.
»Ätsch, wir haben einen Führer!« ruft er.
Der Schweizer läßt sich nicht lumpen.
»Ätsch, wir haben auch bald einen Führer!«
»Ätsch, dann habt ihr auch keine Schokolade mehr!«

Hitler erfährt, daß im Konzentrationslager Theresienstadt ein alter Wunderrabbi sitzt, der prophetische Gaben hat.
Sofort läßt er ihn zu sich bringen.
»Wer wird siegen?« fragt er ihn.
»Da muß ich das Münzorakel befragen«, antwortet der Rabbi.
»Wie geht das?«
»Wenn die Münze so fällt, daß der Adler oben ist – dann siegt Rußland.«
»Und was ist, wenn der Kopf oben ist?«
»Dann siegt England.«
»Und sonst gibt es keine Möglichkeit?«
»O ja. Die Münze kann auch so fallen, daß sie auf der Kante stehenbleibt.«
»Und was ist dann?«
»Dann siegt Frankreich.«
»Ist das alles?« braust Hitler auf.
»Nein. Vielleicht tut Gott ein Wunder, und die Münze bleibt in der Luft hängen. Dann siegt die Tschechoslowakei.«

Kohn und Blau treffen einander im brasilianischen Urwald. Beide sind im Tropenanzug, schwer bepackt, mit Buschmessern und Flinten bewaffnet.
»Wie geht's?« fragt Kohn erfreut. »Was machst du?«
»Gummibäume anzapfen.«
»Trägt das etwas?«
»Na ja, es reicht gerade zur Not.«
»Also hast du's gut getroffen. Das freut mich.«
»So leicht ist es wieder nicht. Du kennst doch den Urwald. Reißende Ströme, Leoparden, Kopfjäger. Aber was machst du?«
»Ich hab' eine Schlangenfarm. Das Gift verkaufe ich an Apotheken. Jetzt bin ich gerade auf der Jagd, um die Bestände ein bißchen aufzufüllen. Aber sag, hast du von Silberstein gehört?«
»Silberstein? Das ist ein Abenteurer. Der ist in Berlin geblieben.«

Sepp Muckenhuber geht wieder einmal beichten.
»Ist es eine Todsünde, Hochwürden«, fragt er, »wenn ich so eine Viechswut auf einen hab', daß ich ihm den Tod wünsch'?«
»In diesem besonderen Fall nicht«, sagt der Pfarrer.

Nach dem 20. Juli in einem KZ. Ein Arbeitskommando kehrt ins Lager zurück.

»Was gibt's Neues?«
»Zwei Nachrichten: eine gute und eine schlechte.«
»Wie ist die gute?«
»Hitler ist tot.«
»Und die schlechte?«
»Es ist nicht wahr.«

Ecke Uhlandstraße steht ein Mann auf dem Kurfürstendamm und verteilt Flugblätter.
»Was machst du da?« fragt ihn ein Bekannter, der gerade aus dem U-Bahnschacht kommt.
»Siehst du doch. Ich verteile Flugblätter.«
»Was für Flugblätter?«
»Gegen die Regierung.«
»Aber es steht doch gar nichts drauf! Die Blätter sind ja leer!«
»Macht nichts. Die Leute, für die sie bestimmt sind, werden sie schon verstehen.«

Hitler, Himmler, Göring und Goebbels sitzen im Luftschutzbunker. Ein Volltreffer. Wer ist gerettet?
Das deutsche Volk.

Die zwei letzten Juden von Berlin gehen über den Kurfürstendamm.
Aus allen Lautsprechern dröhnt eine Führerrede.
Der greise Führer spricht:
»Tokio will heim ins Reich!«
Der vorletzte Jude flüstert dem letzten zu:
»*Das* wird ihm den Hals brechen . . .«

Ein Wunderrabbi wird von einem Gläubigen gefragt: »Heiliger Rabbi, sag mir: wann wird Hitler sterben?« Der Rabbi denkt lange nach und sagt schließlich:
»Das genaue Datum kann ich dir nicht sagen; aber eins weiß ich: es wird ein Feiertag sein!«

Besuch Adenauers im Vatikan. Die Audienz des Bundeskanzlers beim Heiligen Vater währt schon über eine Stunde. Die anderen angemeldeten Besucher werden ungeduldig.
Der Kardinal-Staatssekretär geht nervös auf und ab und schaut immer wieder auf seine Uhr. Endlich hält er es nicht mehr aus, öffnet die Tür zu einem Spalt und späht ins Arbeitszimmer des Papstes.

Der Papst kniet vor Adenauer, ringt die Hände und sagt flehend:
»Glauben Sie mir, Herr Bundeskanzler: ich bin ja *auch* katholisch!«

Die Abteilung Entwicklungshilfe des Auswärtigen Amtes in Bonn schreibt den Posten eines leitenden Beamten aus.
Eine Menge Bewerbungsschreiben laufen ein. Nachdem sie sorgfältig gesiebt worden sind, bleiben drei Bewerber übrig.
Der erste ist Dr. phil., Afrikanist, kennt den ganzen Erdteil wie seine Hosentasche und beherrscht dreißig Negerdialekte in Wort und Schrift.
Der zweite ist Jurist, Rechtsberater einer bedeutenden Exportfirma, spricht fließend Arabisch und hat Erfahrungen in allen Ländern des Nahen Ostens.
Der dritte ist ein Kunsthistoriker von internationalem Rang und geht in sämtlichen Regierungspalästen Indiens, Indonesiens und Ceylons ein und aus.
Wer hat den Posten bekommen?
Der Neffe von Adenauer.

Nach einer CDU-Vorstandssitzung kommt ein Abgeordneter auf Adenauer zu und hält ihm entrüstet vor: »Gestern haben Sie doch genau das Gegenteil von dem gesagt, was Sie heute behauptet haben!«
»Durchaus möglich«, erwidert Adenauer. »Ich verstehe nur nicht, was Sie daran verwundert. Ich bin eben seit gestern klüger geworden.«

Bei einem Bankett wird Adenauer von einem ausländischen Diplomaten gefragt:
»Was würden Sie tun, wenn Sie nicht Bundeskanzler wären, sondern Finanzminister?«
»Ich würde mit mir tauschen.«

Adenauer geht mit seinem Enkel spazieren.
»Na«, fragt er den Knaben, »weißt du schon, was du einmal werden willst?«
»Bundeskanzler.«
»Das geht leider nicht, denn nach der Verfassung kann nur einer Bundeskanzler sein, und der bin ich.«

Ein Berliner Bub ist mit seiner Familie nach Süddeutschland übersiedelt; also geht er auch in einer süddeutschen Stadt in die Schule. Eines Tages fragt der Lehrer:
»Wer von euch kann mir sagen, was das ist: es ist klein, hat einen braunen Pelz, nährt sich von Haselnüssen und springt von Baum zu Baum?«
Niemand meldet sich.
Der Lehrer fragt den kleinen Fritz aus Berlin.
»Ich würde ja sagen«, antwortet der Bub, »es ist ein Eichhörnchen. Aber wie ich den Laden hier kenne, wird es wohl wieder das Jesu-Kindlein sein!«

Das neueste päpstliche Edikt:
Adenauer wird scheinheilig gesprochen.

Chor der Bonner Lakaien:
»Gott ahnt es, der Kanzler weiß es, uns geht es nichts an.«

Eine Delegation kirchlicher Würdenträger erscheint bei Adenauer und trägt ihm bestimmte Wünsche auf kulturpolitischem Gebiet vor.
Adenauer lehnt ab.
»Dazu können wir aber nicht Ja sagen!« erklärt der Wortführer der Delegation.
»Meines Erachtens hat die Kirche weder Ja noch Nein zu sagen, sondern ausschließlich Amen.«

Als die KPD in der Bundesrepublik Deutschland noch nicht verboten war, ließ sich der KPD-Abgeordnete Renner, der Adenauer privat kannte, immer wieder in Wortgefechte mit dem Bundeskanzler ein.
»Wenn Ihre Partei eines Tages siegen sollte«, sagte Adenauer zu ihm, »dann würden Sie mich doch ohne viel Federlesens aufhängen, nicht wahr?«
»Das schon«, erwiderte der KPD-Abgeordnete. »Aber in allen Ehren.«

Kurz nach der Gründung der Bundesrepublik Deutschland. Man macht sich Gedanken darüber, ob man nicht wieder einen Botschafter in den Vatikan entsenden soll. Es wird beraten, wen man für diesen Posten nehmen soll. Unter anderen Namen wird der des sozialdemokratischen Abgeordneten Heiland erwähnt.

»Den Heiland nehmen wir«, bestimmt Adenauer. »Mehr kann sich der Papst ja nun wirklich nicht wünschen.«

Im Bundestag wird über die künftige Bundeswehr debattiert. Der Oppositionsführer Ollenhauer bemerkt tadelnd, daß Bundeskanzler Adenauer gerade bei dieser wichtigen Sitzung nicht anwesend sei. Ollenhauers Bemerkung wird Adenauer hinterbracht.
Dazu Adenauer:
»Der will ja nur, daß ich komme, damit er sagen kann, ich soll gehen.«

Im Ost-Berliner Regierungsgebäude ist Ministerpräsident Otto Grotewohl die Treppe hinuntergefallen und hat sich mehrfach das Rückgrat gebrochen. Man ruft seinen Arzt an.
»Das Rückgrat?« fragt der Arzt am Telefon. »Das ist unmöglich. Ich behandle ihn seit zwanzig Jahren. Er hat nie eins gehabt.«

Neubau in Dresden. Zettel an einer Wohnungstür:
HABE ZELLENSITZUNG! HOCH DIE PARTEI! VATI.
WASCHE WÄSCHE BEI VOPO-MAJOR PIESECKE. KOMME KEINESFALLS VOR MITTERNACHT. HOCH DIE PARTEI! MUTTI.
HEUTE ABEND SCHULUNG. HOCH DIE PARTEI! FRITZ.
STICKEN DECKCHEN ZU ULBRICHTS GEBURTSTAG. HOCH DIE PARTEI! DAGMAR.
Darunter:
ICH HABE ALLES MITGENOMMEN. HOCH DIE PARTEI! DER DIEB.

Ost-Berlin.
Frau Müller kommt spät nach Hause. Sie hat ihre Schlüssel vergessen. Die Hausmeisterin sperrt ihr das Haustor auf.
Frau Müller kann aber auch nicht in ihre Wohnung. Die Hausmeisterin rät ihr:
»Gehen Sie doch in den dritten Stock zu Herrn Major Vogel vom SSD. Der leiht Ihnen sicher gern seinen Dietrich.«

Jahresversammlung in einem Volkseigenen Betrieb in Karl-Marx-Stadt, DDR.
Vor der Belegschaft erstattet der zuständige Genosse den Rechenschaftsbericht:
»Genossen, ich kann euch die erfreuliche Mitteilung machen,

daß die Produktion von Teesieben im abgelaufenen Jahr um drei Komma fünf Prozent gestiegen ist! Wir erzeugen nun statt tausend Stück eintausendfünfunddreißig Stück täglich!«
Stimme aus dem Hintergrund:
»Und wie steht es mit dem Toilettenpapier?«
Der Redner nimmt den Zwischenruf nicht zur Kenntnis. Er spricht weiter:
»Ich kann euch auch die erfreuliche Mitteilung machen, Genossen, daß nicht nur die Quantität, sondern auch die Qualität unserer Teesiebe gewaltig gestiegen ist! Sie halten im Durchschnitt jetzt nicht nur drei Wochen, sondern einen ganzen Monat!«
Stimme aus dem Hintergrund:
»Und wie steht es mit dem Toilettenpapier?«
Der Redner fährt ungerührt fort:
»Und, Genossen, was das Wichtigste ist: nicht nur im Inland erfreuen sich unsere Teesiebe größter Beliebtheit, sondern auch im Ausland! Gerade haben wir von der Volksrepublik China einen beachtlichen Lieferauftrag erhalten! Elftausenddreihundertvierundzwanzig Teesiebe sollen gegen chinesischen Tee erster Qualität getauscht werden. So werden unzählige Familien in unserem sozialistischen Land dank unserer Leistung in den Genuß von echtem chinesischem Tee gelangen!«
Stimme aus dem Hintergrund:
»Und wie steht es mit dem Toilettenpapier?«
Dem Redner platzt der Kragen. Er brüllt den Stänkerer an:
»Lecken Sie mich am Arsch!«
Stimme aus dem Hintergrund:
»Das wäre nur eine Zwischenlösung!«

Was ist der Unterschied zwischen Kapitalismus und Sozialismus?
Der Kapitalismus macht soziale Fehler.
Der Sozialismus macht kapitale Fehler.

Schulungskurs in der Volksarmee. Der Leutnant fragt: »Schulze! Warum sind wir für Freundschaft mit der Sowjetunion?«
Schulze schnellt hoch und legt die Hände an die Hosennaht:
»Das frage ich mich auch schon die ganze Zeit, Genosse Leutnant!«

Fünfzehnjahrfeier des Volkseigenen Betriebs Fahrradfabrik Dresden. Der Direktor hält eine Ansprache. Er begrüßt die Be-

legschaft, die sich inzwischen verdreifacht hat, er begrüßt die Vertreter von Partei, Regierung und Volksarmee, schließlich begrüßt er, nicht ohne Rührung, den ersten Kunden des Betriebs, der am Tag der Eröffnung, vor fünfzehn Jahren, eine Fahrradkette zur Reparatur gebracht hat.
Der Gefeierte dankt in bewegten Worten. Dann fügt er hinzu: »Dürfte ich vielleicht auch fragen, wann ich mir die Kette abholen kann?«

Frau Boldt ist in ganz Cottbus herumgelaufen, um ein paar Stahlnägel zu kaufen. Ohne Erfolg.
Genosse Boldt unterbricht das Geschimpfe seiner Frau. »Da siehst du's wieder mal. Das hast du nur diesen Bonner Revanchisten zu verdanken. Die kündigen einfach das Interzonen-Handelsabkommen!«
»Rede doch nicht solchen Unsinn!« fährt Frau Boldt ihn an. »Als das Handelsabkommen noch nicht gekündigt war, gab's ja auch keine Nägel!«
»Na, bitte«, sagt Genosse Boldt befriedigt. »Du siehst also, daß die DDR gut und gerne auf diesen lächerlichen Handel verzichten kann.«

Schulungskurs in einer Landwirtschaftlichen Genossenschaft. »Die Sowjets fliegen schon zum Mond!« ruft der Redner emphatisch.
Hoffnungsvoll fragt ein Bauer:
»Alle?«

Weimar. Fricke schickt seine Frau in den Kochkurs, denn er möchte fürs Leben gern endlich einmal ordentlich essen. Sie geht einen Monat in den Kurs, zwei Monate, drei Monate. Endlich ist Fricke der Meinung, daß seine Frau genug gelernt hat. Für den nächsten Sonntag bestellt er sich Schweinebraten mit Bratkartoffeln und Salat.
Der Salat ist so sauer, daß es Fricke den Mund zusammenzieht, die Kartoffeln sind roh, der Braten ist verkohlt. Wutentbrannt brüllt Fricke seine Frau an.
»Was kann ich dafür?« schreit sie zurück. »Wir sind im Kurs erst bei der Großen Sozialistischen Oktoberrevolution!«

Seit neuestem werden in der DDR keine Betten mehr erzeugt. Warum nicht?
Die geistig Schaffenden sind auf Rosen gebettet.

Die Aktivisten ruhen sich auf ihren Lorbeeren aus.
Die Arbeiter und Bauern halten Friedenswacht.
Der Klassenfeind schläft nicht.
Der Rest sitzt.

Im KZ Bautzen.
»Warum sitzt du?« fragt ein Häftling den andern.
»Weil ich zu faul war.«
»Also Sabotage?«
»Nein. Ich habe mich nur mit einem Freund über die politische Lage und so unterhalten. Ich habe mir gedacht, ich habe bis morgen früh Zeit, ihn anzuzeigen, aber er war schon in derselben Nacht beim SSD.«

In einem Ost-Berliner Gefängnis erzählen drei Häftlinge einander ihr Schicksal.
»Mich haben sie wegen Sabotage verhaftet«, sagt der erste. »Ich bin nämlich immer um fünf Minuten zu spät in den Betrieb gekommen.«
»So was!« verwundert sich der zweite. »Mich haben sie verhaftet, weil ich immer um fünf Minuten zu früh gekommen bin. Spionageverdacht!«
»Das ist noch gar nichts!« sagt der dritte. »Ich bin immer auf die Sekunde pünktlich gekommen. So sind sie draufgekommen, daß ich mir meine Uhr im Westen gekauft habe.«

Zwei Vopos auf Patrouillengang an der Berliner Mauer. Nichts rührt sich. Gelangweilt stapfen sie weiter.
»Was würdest du tun«, fragt der eine, »wenn die Mauer plötzlich einstürzen würde?«
»Sofort auf den nächsten Baum klettern.«
»Warum denn das?«
»Meinst du denn, ich möchte von denen, die dann hinüberlaufen, totgetrampelt werden?«

Parteitag in Moskau.
Chruschtschow fragt Mao Tse-tung:
»Wieviel politische Gegner habt ihr bei euch in China?«
»Ich schätze so um siebzehn Millionen.«
»Das ist nicht so arg«, sagt Chruschtschow. Dann wendet er sich an Ulbricht: »Und ihr?«
»Mehr werden es bei uns in der DDR auch nicht sein.«

Im Pazifik geht ein Schiff unter. Niemand überlebt außer zwei Männern und einer Frau. Sie retten sich auf eine kleine Insel.
Was geschieht, wenn die beiden Männer Italiener sind?
Der eine bringt den andern um, um sich in den alleinigen Besitz der Frau zu setzen.
Sind sie Franzosen, so leben sie in aller Seelenruhe à trois.
Sind sie Engländer oder Deutsche, so ziehen sich die Männer auf eine andere Insel zurück und lassen die Frau allein.
Sind sie Russen, so wenden sie sich per Flaschenpost um weitere Instruktionen an Moskau.

Auf dem Parteikongreß in Peking ergreift der ostdeutsche Delegierte Krischke das Wort. Er spricht in seiner Muttersprache, und zwar eine geschlagene Stunde. Der Dolmetscher übersetzt:
»Tsching.«
Dröhnender Beifall.
Genosse Krischke spricht weiter. Wieder eine Stunde. Der Dolmetscher übersetzt:
»Tsching tschang.«
Noch größerer Beifall.
Vom Beifall angefeuert, setzt Genosse Krischke zu einem euphorischen Finale an.
Der Dolmetscher übersetzt:
»Tsching tschang tschung päng.«
Nicht endenwollender brausender Beifall.
Beim anschließenden Bankett erkundigt sich Genosse Krischke bei einem deutschsprechenden Chinesen, warum die Übersetzung des Dolmetschers nur so kurze Zeit in Anspruch genommen hat. Der Chinese erklärt ihm:
»Beim erstenmal, Genosse Krischke, sagte der Dolmetscher: Blödsinn. Beim zweitenmal sagte er: Großer Blödsinn. Beim drittenmal sagte er: Schluß mit dem großen Blödsinn!«

In der DDR gibt es Kommunisten, ehrliche und intelligente Menschen. Alles zugleich aber können sie nicht sein. Entweder sind sie:
Kommunisten und ehrlich, dann sind sie nicht intelligent; Kommunisten und intelligent, dann sind sie nicht ehrlich; intelligent und ehrlich, dann sind sie keine Kommunisten.

In Ost-Berlin treffen einander zwei Freunde, und der eine fragt den anderen:

»Was hältst du von Ulbricht?«
»Bist du wahnsinnig? Eine solche Frage mitten auf der Straße? Gehn wir woanders hin, wo uns niemand zuhören kann!«
Und sie gehen auf den Friedhof.
»Also, was hältst du von Ulbricht?«
»Sei still!« flüstert der Gefragte. »Hinter jedem Grabstein kann einer lauern. Gehn wir noch weiter!«
Sie gehen und gehen und gelangen schließlich auf eine Wiese. Weit und breit ist kein Mensch zu sehen. »Also jetzt! Was hältst du von Ulbricht?«
Der Gefragte beugt sich ganz nahe zu seinem Freund und flüstert:
»Ich bin *für* ihn!«

Das *Neue Deutschland* veranstaltet ein Preisausschreiben für den besten Aufsatz über das Thema »Die Vorteile des sozialistischen und die Nachteile des kapitalistischen Gesellschaftssystems«. Der Hilfsschweißer Jaenicke aus Magdeburg bekommt den Ersten Preis.
Die Preisrichter sind von seiner schwungvollen Arbeit so begeistert, daß sie ihm anheimstellen, sich zum Ersten Preis von eintausend Mark Ost noch eine zusätzliche Belohnung zu wünschen. Der Hilfsarbeiter Jaenicke druckst herum.
»Nur Mut!« rufen die Preisrichter. »Du bist ein so klassenbewußter Genosse, daß du alles verlangen darfst. Was wünschst du dir denn?«
»Ein Ausreisevisum!«

Ein Leipziger Jungkommunist wird von seinem Freund zur Rede gestellt:
»Warum hast du eigentlich den strengen Verweis bekommen?«
»Wegen der letzten Schulung.«
»Aber du hast doch nie etwas gesagt!?«
»Eben deshalb!«

Betriebsversammlung im Fischverarbeitungs-Kombinat Rostock.
»Was ist Kapitalismus?« fragt der Redner. »Kapitalismus ist die Unterdrückung des Menschen durch den Menschen.«
»Und was ist Kommunismus?« fragt ein Teilnehmer der Versammlung.
»Das Gegenteil!«

Schweiz

Unsere Vorfahren haben seit bald sechshundert Jahren die Republik in heißen Schlachten begründet und befestigt, ohne das Wort je in den Mund zu nehmen, und die vielen alten Bundesbriefe und Landbücher enthalten es nicht. Erst später haben es die Patrizier und Bürger der herrschenden Städte für sich angewendet, um mit dem schönen Wort ihrer irdischen Herrlichkeit einen antiken Glanz zu verleihen. Wir haben es jetzt im Sprachgebrauch, aber nicht zum Mißbrauch. Mich will bedünken, wer es immer im Munde führt und dabei auf die Brust klopft, könne ebensogut sich der Gleisnerei schuldig machen wie jeder andere Pharisäer oder Mucker! Doch damit haben wir jetzt nichts zu schaffen; nur darauf möchte ich aufmerksam machen, werte Mitbürger, daß auch der Republikaner alles, was er braucht, erwerben muß und nicht mit Worten bezahlen kann; über Naturgesetze hat die Republik nicht abzustimmen, die Vorsehung legt ihr den Plan über die dem Landwirte nützliche Witterung der Jahreszeiten so wenig zur Annahme oder Verwerfung vor als den Untertanen der Könige und diesen selbst, und der Weltverkehr kümmert sich nicht um die Staatsformen der Länder und Weltteile, die er durchbraust.
Gottfried Keller: Martin Salander

Da stellen wir Menschen aus Angst voreinander Staaten auf, umgeben uns mit Wächtern jeder Art, mit Polizisten, mit Soldaten, mit einer öffentlichen Meinung, aber was nützt es uns?
Friedrich Dürrenmatt: Der Richter und sein Henker

Der Abgeordnete Strümpfli hat seine Jungfernrede gehalten. Selbstverständlich hört Frau Strümpfli zu. »Wie war ich?« fragt Strümpfli seine Frau, die Zeugin seines Triumphs.
»Glänzend«, erwidert sie. »Besonders hat mir imponiert, wie überzeugend und folgerichtig du alle delikaten Fragen umgangen hast!«

Hans Weigel erzählt in seinem Buch ›Lern dieses Volk der Hirten kennen‹ einem nicht näher bezeichneten – witzigen – Franzosen und dem Engländer R. A. Langford nach:
Gott schuf den ersten Schweizer und fragte ihn: »Was willst du?«
»Berge«, antwortete der Schweizer.
Gott schuf Berge für den Schweizer und fragte ihn: »Was willst du noch?«
»Kühe«, sagte der Schweizer.
Gott schuf Kühe für den Schweizer. Der Schweizer melkte die

Kühe, kostete die Milch und fragte: »Willst du kosten, lieber Gott?«
Der liebe Gott wollte kosten.
Der Schweizer füllte einen Becher mit Milch und reichte ihn Gott.
Der liebe Gott nahm den Becher, trank ihn aus und sagte: »Die Milch ist wirklich ganz besonders gut. – Was willst du noch?«
»Einen Franken zwanzig«, sagte der Schweizer.

Hauptmann Leckerli inspiziert die angetretene Kompanie. Dabei fällt ihm der völlig unvorschriftsmäßig adjustierte Rekrut Müsli auf. Er faucht ihn an:
»Müsli! Wie stehst du da? Wären wir bei den Preußen, dann wärst du längst im Arrest!«
»Wären wir bei den Preußen«, antwortete der Rekrut Müsli, »dann wärst du auch nicht Hauptmann!«

Der Zweite Weltkrieg tobt schon seit einigen Jahren. Im Zug des Luftkriegs überfliegt ein englisches Bombergeschwader die Schweiz auf dem Weg nach Deutschland.
Die Schweizer Flak funkt hinauf: »Ihr befindet euch über schweizerischem Hoheitsgebiet!«
Die Engländer funken zurück:
»Das wissen wir!«
Die Schweizer funken:
»Wenn ihr nicht sofort das schweizerische Hoheitsgebiet verlaßt, dann schießen wir!«
Die Engländer funken zurück:
»Das wissen wir!« Und sie überfliegen weiter schweizerisches Hoheitsgebiet.
Die Schweizer funken:
»Wir schießen!«
Und sie schießen.
»Ihr schießt daneben!« funken die Engländer.
Die Schweizer funken zurück:
»Das wissen wir!«

Was ist der Unterschied zwischen Blue jeans und dem schweizerischen Verwaltungsapparat?
Gar keiner. An allen entscheidenden Stellen sind Nieten.

Das Wahrzeichen des freien Mannes war früher der Degen. Heute ist es das Taschenmesser.

Österreich

Die Fortschritte der Welt, wenn auch nicht auf dem Wege der Freiheit, doch wenigstens auf dem der Gleichheit, haben die sozialen Zustände auf eine Höhe der Humanität gebracht, welche früheren Jahrhunderten einen Schauder erregt hätte. Die Unterschiede verschwinden. Der schlichte Bürger sitzt jetzt auf denselben Deputiertenbänken, auf die sonst nur Standesherren und Raubritter zugelassen wurden, und stimmt mit der Majorität, so daß, wenn seine Beschlüsse nicht von der oberen Kammer oder dem Bundestag vernichtet werden, er jetzt mit seiner Einwilligung ebensoviel bezahlen kann, als vorher ohne dieselbe. Die niederen Stände sind zwar nicht hinauf-, die oberen aber sind heruntergekommen, sie sind sich gleich.

Es war daher ganz an der Zeit, daß auch der Unterschied, der bisher zwischen den sogenannten ehrlichen Leuten und Spitzbuben bestand, und der ohnehin nicht sehr groß ist, in das Grab vergangener Jahrhunderte versenkt wurde. In Wien hat sich ein Verein zur Unterstützung entlassener Sträflinge gebildet, welcher mit Übergehung der Notleidenden aus der bevorzugten Kaste der Ehrlichen sich bloß mit dem Wohle der Spitzbuben beschäftigt. Schön! Erhaben! Der Staat hat auch diesen Verein gebilligt, ihm seinen Schutz zugesagt; aber hat er etwas Positives getan, ist er diesem Verein selbst beigetreten?

Wir heben dies besonders in Österreich heraus, wo für eine andere, gleich uns verachtete Klasse, wir meinen die Dummköpfe, soviel im Staatsdienste geschehen ist. Man ging hierbei von einem, wie uns scheint, richtigen Gesichtspunkt aus. Ein fähiger und brauchbarer Mensch hilft sich leicht selbst in der Welt fort. Was sollen aber die Unfähigen und Unbrauchbaren anfangen, wenn die Staatsgewalt nicht ihre hilfreichen Hände bietet? Sind sie nicht auch Menschen? Bedenkt ein Vater nicht vor allem seine geistesschwachen, seine blödsinnigen Kinder? Man hat daher hierlands in Beförderungsfällen bei Hof- und Länderstellen die Dummköpfe immer ganz besonders bevorzugt, und manche aus dieser von der Natur verwahrlosten Klasse stehen den höchsten Bedienstungen mit glücklicher Selbstzufriedenheit vor. Sollte so viel für die Dummköpfe geschehen und für die Spitzbuben nichts?

Wir sprechen nicht von denjenigen Anstellungen, zu denen man Schurken notwendig braucht, und wo wir bisher auch wirklich berücksichtigt worden sind. Nämlich die Diplomatie, Zensur und Polizei, das Brieferöffnungsgeschäft, das Personal der Denunzianten und Vertrauten. Denn auch hier nimmt man die Spitzbuben nur, bevor sie ins Zuchthaus kommen, indes man sie, wenn sie bereits in demselben gewesen sind und solcherart ein Brevet der Brauchbarkeit erhalten haben, aus einem engherzigen Vorurteil ausschließt. Wir sprechen vielmehr hier von jenen Anstellungen, zu denen man bisher nur sogenannte ehrliche Leute genommen hat. Viel ist hier von Privaten geschehen; sollte der Staat zurückbleiben?

Wir haben in dem letzten Rechenschaftsbericht des Vereins für Sträflinge gelesen, daß ein Kaufmann einen Dieb zum Einkassieren verwendet, Müßiggänger und Vagabunden werden unter die Fabrikarbeiter aufgenommen, Handschriftenverfälscher in die Comptoirs.

Auf, also, ihr Vorsteher des Staates! Macht wenigstens den Versuch! Glaubt, daß wir Spitzbuben, wie der Adel und der Kriegerstand, wenn auch nicht Ehrlichkeit, doch aber Ehre im Leib haben. Wenn ihr uns eure Kassen verschließt, werden wir ein-

brechen. Wenn ihr sie aber offen uns anvertraut – mir schwindelt! Wenigstens aber werden wir sie wie Löwen gegen jeden andern verteidigen.
Franz Grillparzer. 1844

Ich halte die Politik für eine mindestens ebenso vortreffliche Manier, mti dem Ernst des Lebens fertig zu werden, wie das Tarockspiel, und da es Menschen gibt, die vom Tarockspiel leben, so ist der Berufspolitiker eine durchaus verständliche Erscheinung. Um so mehr, als er immer nur auf Kosten jener gewinnt, die nicht mitspielen. Aber es ist in Ordnung, daß der Kiebitz zahlen muß, wenn das geduldige Zuschauen seinen Daseinsinhalt bildet. Gäbe es keine Politik, so hätte der Bürger bloß sein Innenleben, also nichts, was ihn ausfüllen könnte.
Karl Kraus

Ein Offizier ist ein jämmerliches Wesen, jeder beneidet den Gleichgestellten, tyrannisiert den Untergebenen und fürchtet sich vor dem Höheren, und je höher er selbst ist, desto mehr fürchtet er sich. Es ist mir überhaupt zuwider, auf dem Kragen geschrieben zu haben, wieviel ich wert bin, als ob ich ein Stoffmuster wäre. Und doch hat das System seine Lücken. Der Kommandierende von Brünn war unlängst hier, kam in die Schwimmschule, und da erfuhr ich mit Erstaunen, daß die Schwimmhosen keine »Distinktion« tragen.
Sigmund Freud. 1886

Die leitenden Staatsmänner und Generale übernehmen »die Verantwortung« für das Schicksal, das sie den Völkern auferlegen. Aber was heißt in ihrem Fall: Verantwortung? Einer ungeheuren Verantwortung müßte doch ein ungeheures Risiko dessen entsprechen, der sie übernimmt. Ein schlecht ernährter, müdgearbeiteter Motorführer, der durch ungeschicktes Lenken seines Wagens Malheur anrichtet, wird eingesperrt.
Was geschieht dem Staatsmann, der durch ungeschicktes Lenken des Staatswagens Malheur anrichtet? Er geht in Pension.
Wenn durch des Motorführers Verschulden ein Mensch getötet wird, wandert der Motorführer auf Jahre ins Gefängnis.
Wenn der Feldherr nutzlos Zehntausende seiner Soldaten in den Tod geschickt hat, was erwartet ihn? Ein Häuschen im Grünen. Dort pflanzt er, im verschnürten Samtrock und das Käppi auf dem Haupt, Rosen. Seine Lieblingssorten. Und schreibt Memoiren.
»Ich übernehme die Verantwortung«, sagt der Minister Soundso. Vor der Größe und dem kühnen Stolz dieses Wortes erbleichen die Zeitgenossen.
Aber es steckt gar nicht das geringste dahinter. Verantwortung ohne Sühne, deren Ungeheuerlichkeit der Ungeheuerlichkeit jener entspräche, ist ein leeres Wort.
Den Motorführer richten die Gerichte.
Den Staatsmann und den General richtet die Geschichte.
Und das paßt ihnen ausgezeichnet.
Der Herr Minister übernahm die Verantwortung? Halt, einen Augenblick! Wieviel Jahre Zuchthaus also, falls die Sache schiefgeht? Oder wie oft wünschen gehängt zu werden? Solche lächerliche Fragen werden nicht gestellt. Und wenn sie wer stellte, was würde Exzellenz antworten? Exzellenz würde antworten: »Ich überlasse das Urteil der Geschichte.«
Alfred Polgar

1783. Österreichische Truppen hatten einen Teil der Niederlande besetzt. Im Verlauf der Verhandlungen erklärten sie sich jedoch bereit, auf die Besetzung zu verzichten, falls die Schelde für offen erklärt würde. Die Generalstaaten waren mit dieser Bedingung nicht einverstanden. Kaiser Joseph II. beschloß, die Holländer vor vollendete Tatsachen zu stellen. In den Beratungen mit dem Kaiser äußerte Graf Kaunitz Zweifel:
»Die Holländer«, sagte er, »könnten – falls ein kaiserliches Schiff sich die Durchfahrt erzwingen wollte, schießen.«
»Die schießen nicht!« sagte Kaiser Joseph.
Ein kaiserliches Schiff fuhr darauf die Schelde hinunter, ein zweites von Ostende nach Antwerpen. Ein holländisches Wachschiff zwang das erste mittels Breitseite, sich zu ergeben. Auch das zweite wurde gekapert und nach Vlissingen gebracht.
Kaunitz meldete seinem Kaiser:
»Sie haben geschossen.«

Metternich ist zum Vortrag bei Kaiser Franz. Plötzlich unterbricht wüster Lärm vom Burghof herauf die eintönigen Amtsgespräche. Peitschenknallen, Stampfen, Gebrüll. Die beiden Herren gehen ans Fenster und sehen im Burghof einen Ochsen, der sich losgerissen hat und wild umherjagt. Das strenge Gesicht des Kaisers verzieht sich zu einem spöttischen Lächeln, dann sagt er zu Metternich: »Das erste Rindvieh, das ohne Protektion da hereingekommen ist.«

Um zu zeigen, was für ein großer Herr er sei, hat ein österreichischer Feldmarschalleutnant den Lenker seiner Privatreisekutsche mit einem Posthorn ausgestattet. Wo es angeht, bläst der Kerl wie ein richtiger Postillon.
Die Postverwaltung erhebt dagegen Einspruch, da dies aber nichts nützt, wendet sie sich an Kaiser Ferdinand den Gütigen. Der Kaiser schreibt dem Feldmarschalleutnant eigenhändig:
»Lieber Feldmarschall-Leutnant! Wir haben gar nichts dagegen, daß Sie Hörner tragen, wenn's nur kein Posthorn ist. Das ist Privaten verboten. Ferdinand.«

Kanzleidirektor: »Was wollen Sie?«
Weib: »Ich bin die Frau vom Kanzleidiener Wewerka und –«
Kanzleidirektor: »Ja so! Was macht denn Ihr Mann? Noch immer krank? Kommt er bald wieder? Ununterbrochen muß ich jemanden wohin schicken und hab' niemanden! Es ist mir sehr

fatal, daß Ihr Mann so lang nicht in die Kanzlei kommt, ich werde das amtlich anzeigen müssen, sagen Sie ihm das!«
Weib: »Mein Gott –«
Kanzleidirektor: »Ja, das nutzt alles nichts! Was glaubt denn Ihr Mann, wie lang er noch krank sein kann! Was läßt er denn sagen?«
Weib (demütig): »Mein Mann läßt sich schönstens empfehlen, und er kann unmöglich kommen, denn er ist heut nacht gestorben, und da hab' ich bitten wollen, wegen der Pension.«

Gegen einen Schneidergesellen, der aus mehreren Cholera-Spitälern hinausgeworfen worden war, weil er sich, der guten Pflege wegen, nur krank gestellt hatte, wurde die gerichtliche Untersuchung eingeleitet, und zwar – wie es im Verhörsprotokoll stand – »wegen unbefugten Anmaßens der Cholera«.

Jeden Morgen fährt Ferdinand der Gütige spazieren. Da er immer den gleichen Weg nimmt, begegnet ihm allmorgendlich ein ausgedienter greiser Hofrat, der ebenfalls täglich den gleichen Spaziergang macht. Und jedesmal geschieht dasselbe:
Der uralte Hofrat macht Front und zieht den Hut. Der Kaiser winkt ihm leutselig zu.
Eines Morgens ist der alte Hofrat so in Gedanken, daß er den Wagen des Kaisers ganz übersieht und infolgedessen weder Front macht noch den Hut zieht.
Ferdinand der Gütige kann sich über den ungewohnten Vorfall nicht beruhigen. Während der ganzen Fahrt schüttelt er den Kopf und murmelt vor sich hin: »Ich muß dem Mann was tan haben!«

1848. Das Volk von Wien revoltiert. Das Militär zieht sich in den Burghof zurück. Aufgeregt stürzen die Hofschranzen zu Kaiser Ferdinand. Der sitzt gerade bei seiner Schokolade.
»Majestät! Revolution! Die Leute wollen die Burg stürmen!«
»So was Unangenehmes!« sagt Ferdinand der Gütige indigniert. »Hätten s' denn nicht wenigstens warten können bis nach dem Frühstück?«

Nach der Revolution von 1848 hat Kaiser Ferdinand der Gütige vom Regieren genug.
Am 2. Dezember dankt er ab, und der achtzehnjährige Franz Joseph wird sein Nachfolger.

Die Übergabe der Regierungsgewalt vollzieht sich nach den strengen Vorschriften der Etikette. Dazu gehört, daß der neue Kaiser vor dem alten Kaiser kniet und daß der alte Kaiser eine bestimmte Formel sprechen muß. Die aber hat Ferdinand der Gütige vergessen. Als der jugendliche Neffe vor ihm kniet, umarmt er ihn und sagt:
»Sei nur brav, es ist gern g'schehn.«

Am 13. März 1848 steht ein Wiener Fiaker in Mariahilf. Ein eleganter junger Mann geht vorüber. Diesmal ruft der Fiaker nicht sein gewohntes »Fahr mar, Euer Gnaden?«, sondern fragt mit leuchtenden Augen: »Fahr mar zur Revolution, Euer Gnaden?«

Der alte Wiener Exerzierplatz war die Schmelz.
1866, die Preußen haben die Österreicher bei Königgrätz vernichtend geschlagen.
Ein pensionierter österreichischer General erhält die Hiobsbotschaft von der Niederlage.
»Unverständlich, unverständlich!« murmelt er vor sich hin. »Und auf der Schmelz ist's immer so gut gegangen!«

Feldzeugmeister Graf Pschistranek inspiziert ein Festungsartillerieregiment und kommt in ein Mannschaftszimmer, in dem ein Bild des Feldzeugmeisters Uchatius hängt.
Graf Pschistranek fragt einen Kanonier:
»Wer ist das?«
»Feldzeugmeister Uchatius!« antwortet der Kanonier, wie aus der Pistole geschossen.
»Gut. Und warum hängt er da?«
»Exzellenz, melde gehorsamst, er war ein General!« »Gut, mein Sohn. Aber ich bin doch auch ein General und hänge nicht da. Warum also der?«
Der Kanonier denkt krampfhaft nach. Dann schmettert er:
»Exzellenz, melde gehorsamst, weil er ein guter General war!«

Franz Joseph wurde erst spät populär. Nachdem er aber den Völkern der Monarchie Jahrzehnte hindurch den Frieden erhalten hatte, wurde er zum Friedenskaiser gestempelt und erhielt im Volksmund den Spitznamen Prohaska – ein Name, der im alten Österreich etwa so häufig war wie Schulze in Deutschland.
Franz Joseph ist auf einer Besichtigungsreise in Oberösterreich. Die Veteranen treten an. Der Kaiser unterhält sich leutselig mit

ihnen, stellt die üblichen Fragen: »Wie heißen Sie? – Wo haben Sie gedient?« und so weiter.
Alles geht wie am Schnürchen.
Plötzlich will einer seinen Namen nicht nennen.
»Wie ist Ihr Name?« fragt der Kaiser noch einmal, als hätte er nicht gut gehört.
Der Veteran steht stramm und stumm.
»Aber ich bitt' Sie«, redet ihm der Monarch lächelnd zu, »ein Soldat wird doch keine Angst haben! So sagen Sie's doch nur!«
Der Veteran würgt an der Antwort. Endlich kommt's heraus: »Majestät, ich heiß' *auch* Prohaska!«

Manöver in Lemberg. Kaiser Franz Joseph kommt. Im Rathaus wird ein Empfang gegeben. Alle Honoratioren sind eingeladen. Der Kaiser unterhält sich liebenswürdig mit jedem einzelnen. So kommt er auch zu Rabbi Mardochaj Lechowitz.
»Haben Sie Söhne?« fragt der Kaiser.
»Sieben, Gott sei Dank.«
»Haben Ihre Söhne gedient?«
»Keiner, Gott sei Dank.«

In der 4. Kompanie erklärt der Leutnant aus dem Dienstreglement den Punkt von der Tapferkeit und wählt folgendes Beispiel: »Zwei haben dasselbe Madel gern. Der eine ist groß und stark, aber ein Feigling ärgster Sorte; der andere ist klein und schmächtig, fürchtet sich aber nicht vor dem Teufel. Wer wird die Prügel kriegen? Schebesta!« Der Rekrut Schebesta schnellt hoch: »Das Madel, Herr Leutnant!«

Korporal Egger sagt zum Rekruten Kribalek:
»Passen Sie auf, Kribalek: Ich hab' zwar Dienst, aber ich leg' mich jetzt schlafen. Sie werden für mich wachen. Und wenn der Herr Leutnant kommt, dann wecken Sie mich auf!«
»Jawohl, Herr Korporal!« sagt der Rekrut Kribalek.
Dem eifrigen Korporal Egger schlägt aber doch das Gewissen. Immer wieder schreckt er aus dem Schlaf und schreit:
»Kribalek! War der Leutnant schon da?«
»Nein, Herr Korporal!«
So geht es stundenlang. Endlich, um drei Uhr früh, kommt Leutnant Habeck.
»Machen Sie sich auf etwas gefaßt!« sagt der Rekrut Kribalek. »Der Herr Korporal hat schon zehnmal nach Ihnen gefragt!«

Manöver. Etliche Offiziere sind vom Korpskommandanten zur Tafel geladen. Unter den jüngeren Offizieren kommt dabei die Rede auf einen Kameraden, der wegen Paralyse den Dienst hat quittieren müssen.
Der Oberarzt bemerkt, daß man unter Umständen schon nach gewissen Sprachfehlern die Diagnose stellen könne; so zum Beispiel könne kein Paralytiker die Worte »Dritte reitende Artilleriebrigade« richtig aussprechen.
In diesem Augenblick mischt sich Seine Exzellenz in das Gespräch und meint gnädig lächelnd:
»Ausgezeichnet! Äh – driä eigende A-ie- i-a-e . . .«

Der ungarische Minister Wekerle erstattet Kaiser Franz Joseph Bericht und äußert sich bekümmert über den Unwillen der Senatoren, einer für Österreich lebenswichtigen Verordnung zuzustimmen.
»Warum bestechen Sie sie nicht?« fragt der Monarch.
Wekerle ist von dieser Idee begeistert und reist sofort ab.
Es kommt zur Abstimmung, die Verordnung wird abgelehnt.
Bei der nächsten Audienz fragt der Kaiser:
»Was ist denn da passiert? Haben Sie die Senatoren nicht bestochen?«
»O ja, Majestät, ich habe sie bestochen!«
»Warum haben sie dann dagegen gestimmt?«
»Majestät: die Ungarn sind bereit, ihr Land zu verkaufen, aber sie liefern nicht.«

Nach dem Russisch-Japanischen Krieg setzte die österreichische Heereszeitung einen Preis aus – für die prägnanteste Beantwortung der Frage:
»Was hat die österreichisch-ungarische Armee aus dem Russisch-Japanischen Krieg gelernt?«
Die prägnanteste Antwort lautete:
»Nichts.«

1908 wurde in Österreich die neue Währung eingeführt.
In Innsbruck wurde folgende amtliche Verlautbarung ausgegeben:
»Es ist ab sofort verboten, anders als nach Kronen und Hellern zu rechnen. Zuwiderhandlungen werden mit fünf Gulden bestraft!«

Erster Weltkrieg. In Wien treffen den ganzen Tag über Siegesnachrichten aus Ost und West ein. Eine Extraausgabe jagt die andere, und noch abends diskutiert man begeistert über die Erfolge des Tages. Ein schon etwas ermüdeter Schlachtenbummler sieht gähnend auf die Uhr und sagt:
»Also zwei Siege wart' ich noch ab, aber dann geht's ins Bett!«

Erster Weltkrieg. Österreichisch-russische Front.
Feldmarschalleutnant Graf Pschistranek wird auf Inspektionsreise geschickt. Um den betagten Herrn nicht zu verwirren, wird veranlaßt, daß ihm der ruhigste Frontabschnitt zugewiesen wird.
Während der greise Herr durch die verlausten Unterstände geht und mit gnädiger Miene sein gewohntes »Sehr schön, sehr schön!« vor sich hinmurmelt, erdröhnt plötzlich russischer Kanonendonner.
Der Feldmarschalleutnant greift zum Telefon und läßt sich mit dem Abschnittskommandanten verbinden.
»Was ist denn da los?« fragt er irritiert. »Warum wird da geschossen?«
»Weil Krieg ist, du Tepp!«

Nach seiner Thronbesteigung ließ Kaiser Karl sofort den Kriegsminister kommen.
»Exzellenz«, sprach er feierlich. »Teilen Sie Ihren Generälen mit, daß die Schlampereien ab sofort aufzuhören haben. Von jetzt an wird gesiegt!«

Während des Ersten Weltkriegs saß der österreichische Dichter Franz Werfel im Kriegspressequartier. Er hatte den speziellen Auftrag, Worte und Aussprüche zu finden, die Kaiser Karl bei offiziellen Anlässen von sich gegeben haben könnte. Freunde und Kollegen im Kaffeehaus mühten sich redlich, ihm Anregungen zu geben. Manche davon benützte er. Eine allerdings nie; sie stammte von Anton Kuh und lautete:
»In meinem Reich geht die Sonne nie auf.«

Leo Trotzki, führender russischer Bolschewik, verbrachte eine Zeit seiner Emigration in Wien.
Oktober 1917.
Zu einem Hofrat im k. u. k. Außenministerium kommt aufgeregt ein Sekretär:

»Haben Sie schon gehört, Herr Hofrat? In Rußland ist Revolution!«
»Aber ich bitt' Sie! Wer soll die schon gemacht haben? Vielleicht der Herr Trotzki, der Schachspieler vom Café Central?«

Stoßseufzer eines alten k. u. k. Feldmarschalleutnants nach dem Zusammenbruch der Monarchie 1918:
»So eine schöne Armee haben wir gehabt – die herrlichsten bunten Uniformen, diese faszinierende Militärmusik, diese blitzenden Waffen, die wehenden Helmbüsche, und die Kavallerie – eine Augenweide! Ich muß sagen: es war die schönste Armee der Welt! Und was hat man mit ihr gemacht?
In den Krieg hat man sie g'schickt!«

Zwei pensionierte österreichische Generäle als nachträgliche Stammtischstrategen im Café Sacher, 1919. Der eine: »Zurück hätten wir gehen müssen, von Anfang an zurück!«
Der andere: »Wieso? Dann wären die Russen doch über die Karpaten gegangen!«
Der erste: »Macht nichts. Zurück hätten wir gehen müssen.«
»Dann wär'n sie doch in Ungarn einmarschiert und hätten Budapest eingenommen!«
»Macht nichts. Zurück hätten wir gehen müssen.«
»Aber lieber Freund, dann wären sie zu guter Letzt noch über die Leitha gekommen und nach Österreich hinein!«
»Macht nichts. Zurück hätten wir gehen müssen.«
»Du, jetzt versteh' ich dich aber gar nicht. Da hätten die Russen doch Wien belagert und womöglich noch eingenommen!«
»Macht alles nichts. Aber *die Armee* wär' intakt geblieben!«

Baron Hosnedel: »Ich les' jetzt ein Buch!«
Graf Szerdahely: »Was denn, lieber Hosnedel?«
Baron Hosnedel: »Den Napoleon von Emil Ludwig.«
Graf Szerdahely: »Kenn' ich, kenn' ich, hab' ich auch gelesen. Schön, nicht wahr? Sind Sie schon bei der Stelle, wo er auf Elba ist?«
Baron Hosnedel: »Nix verraten, bittschön, nix verraten!«

Wirtschaftskrise. Der Bergarbeiter Tobias Gschaftelhuber hat genug vom Kapitalismus und will ins Paradies aller Werktätigen. Er ist aber doch nicht ganz sicher, wie es ihm drüben in der Sowjetunion gehen wird, und macht darum mit seinem Freund

Zaplatilek aus, daß er ihm schreiben wird. Zaplatilek möchte nämlich auch gern nachkommen, hat aber noch größere Bedenken.
»Vielleicht haben die drüben Zensur«, sagt er, »und du kannst nicht schreiben, was du willst?«
»Paß auf«, sagt Gschaftelhuber, der im Weltkrieg Putzer bei einem Leutnant im Evidenzbüro gewesen ist, »wenn alles in Ordnung ist, dann schreib' ich dir einen Brief mit gewöhnlicher Tinte. Wenn das, was ich dir mitteile, aber nicht stimmt, dann schreibe ich dir mit grüner Tinte.«
Gschaftelhuber fährt weg. Nach drei Monaten erhält Zaplatilek folgenden Brief von ihm:
»Hier ist alles wunderbar. Essen in Hülle und Fülle. Ich habe eine helle, große Wohnung und bereits ein paar Anzüge. Demnächst kaufe ich mir ein Motorrad, und im Sommer fahre ich auf Urlaub ans Schwarze Meer. Glaub nicht den Lügen der kapitalistischen Hetzblätter. In der Sowjetunion ist alles zu haben, was man sich wünschen kann. Nur grüne Tinte ist nicht zu haben. Aufrichtig Dein Tobias Gschaftelhuber.«

Nach dem Anschluß Österreichs inspizierte der Gauleiter von Oberdonau eine Schule in Linz. Die Fragen des hohen Herrn und die Antworten der Schüler sind genau vorbereitet.
Wer ist dein Vater? – Adolf Hitler!
Wer ist deine Mutter? – Deutschland!
Der kleine Sepp Ebeseder kommt an die Reihe.
»Wer ist dein Vater?«
»Adolf Hitler!«
»Wer ist deine Mutter?«
»Deutschland!«
»Was möchtest du gern werden?«
»Vollwaise, Herr Gauleiter!«

März 1938. Transparent auf der Wiener Ringstraße:
WIEN IST FREI!
Frau Pollak zu Frau Rubinstein:
»Was, die Deutschen sind schon wieder weg?«

Graf Bobby wird von der Gestapo verhaftet und nur unter der Bedingung wieder freigelassen, daß er sich verpflichtet, für die Gestapo zu arbeiten.
Am nächsten Tag trifft er seinen Freund Rudi.

»Wie denkst du über das Dritte Reich?« fragt er.
»Komische Frage. Genauso wie du!«
»Dann muß ich dich leider verhaften lassen!«

Zwei Juden haben beschlossen, sich mit ihrem Gesuch um Auswanderung direkt an Hitler zu wenden. Sie können sich aber über die Anrede nicht einig werden.
»Majestät? Das paßt doch nicht zu einem Tapezierer!«
»Vielleicht Exzellenz?«
»Paßt auch nicht. Herr Diktator?«
»Noch schlechter!«
»Ich hab's! Wir schreiben: Sehr geehrter Herr! Durch Ihre Broschüre ›Mein Kampf‹ auf Sie aufmerksam geworden ...«

Einstellungsoffizier: »Auf Grund Ihrer freiwilligen Meldung können Sie sich die Waffengattung aussuchen. Wohin wollen Sie denn? Luftwaffe? Marine? Panzer? Infanterie? Artillerie?«
Bobby: »Am liebsten möcht' ich halt ins Führerhauptquartier, bittschön.«
Offizier (empört): »Sind Sie verrückt?«
Bobby: »Warum? Ist das Vorbedingung?«

Graf Bobby und sein Freund Rudi stehen vor einer Wandkarte, die beide Hemisphären zeigt. Rudi erklärt seinem Freund, was die verschiedenen Farben auf der Karte zu bedeuten haben.
»Schau«,sagt er, »diese riesige rote Fläche, das ist Rußland.«
»Aha. Und was bedeutet diese Masse von grünen Flecken auf der Landkarte?«
»Das ist das Britische Weltreich.«
»Und wo ist Amerika?«
»Hier, die große gelbe Fläche zwischen einem Ozean und dem andern.«
»Und Deutschland?« fragt Bobby.
»Hier.«
»Was? Dieser kleine braune Fleck? Das ist alles?«
»Natürlich!«
»Ob das der Führer weiß?«

1942 in Wien. Die Verschickung der Juden nach Polen ist in vollem Gang. Zwei Juden, die darauf warten, abgeholt zu werden, ergehen sich in Spekulationen darüber, was mit Hitler nach dem erhofften Sieg der Alliierten geschehen wird.

»Natürlich wird er aufgehängt!« sagt der eine.
Der andere denkt lange nach, dann sagt er:
»Mir würde genügen, wenn ich nach dem Krieg im Café Central sitze und Zeitungen lese, und ein Herr am Nebentisch steht auf, tritt zu mir und fragt: Gestatten Sie bitte, ist die Zeitung frei? – und ich kann ihm antworten: Für *Sie* nicht, Herr Hitler!«

Wien, 1942. Blau und Grün treffen einander.
Grün: »Hast du schon gehört? Kohn hat sich umgebracht.«
Blau: »Wenn er sich's verbessern kann ...«

Der Zweite Weltkrieg ist aus. Graf Bobby sitzt wieder in seinem Stammcafé. Er bestellt:
»Eine Melange, Herr Ober, und den Völkischen Beobachter.«
Der Kellner bringt den Kaffee und sagt:
»Völkischen Beobachter gibt's nicht mehr, Herr Graf.«
Als er seinen Kaffee ausgetrunken hat, bestellt Bobby wieder:
»Einen Kognak, Herr Ober, und den Völkischen Beobachter.«
Der Kellner bringt den Kognak und sagt:
»Völkischen Beobachter gibt's nicht mehr, Herr Graf.«
Nach einer Weile bestellt Bobby wieder:
»Noch einen Kognak, Herr Ober, und den Völkischen Beobachter!«
»Aber Herr Graf – wie oft hab' ich Ihnen schon gesagt: den Völkischen Beobachter gibt es nicht mehr!«
»Ich weiß, ich weiß. Aber ich hör' es so gern.«

Sitzung des Alliierten Rats in Wien. Ein Amerikaner streckt lässig seine Beine aus und berührt dabei unabsichtlich den Fuß einer russischen Dolmetscherin. Er zieht seine Beine an, beugt sich vor und sagt höflich: »Entschuldigen Sie bitte!«
Die Dolmetscherin errötet und wendet sich hilfesuchend an ihren Vorgesetzten, Major Balmaschow. Er beugt sich zu ihr, und sie flüstert ihm etwas zu.
Major Balmaschow geht zum Sessel von Oberst Puschkin und flüstert mit ihm. Oberst Puschkin steht auf und geht zu General Simonow. General Simonow verläßt den Raum, um zu telefonieren. Nach einiger Zeit kommt er zurück, geht zu Oberst Puschkin und flüstert mit ihm. Oberst Puschkin geht zu Major Balmaschow und flüstert mit ihm. Major Balmaschow beugt sich zu der Dolmetscherin und flüstert ihr etwas zu.

Die Dolmetscherin wendet sich an den amerikanischen Offizier, lächelt und sagt:
»Bitte, bitte.«

Bankett der Außenminister nach dem Abschluß des Österreichischen Staatsvertrags 1955. Nach dem Bankett verabschieden sich die Würdenträger auf der Freitreppe von Schloß Belvedere.
Der goldbetreßte Lakai ruft aus:
»Cadillac für Exzellenz Dulles!«
»SIS-Limousine für Exzellenz Molotow!«
»Rolls-Royce für Exzellenz Macmillan!«
»Facel Vega für Exzellenz Pineau!«
»Galoschen für Exzellenz Figl!«

Nach der Rückkehr der österreichischen Regierungsdelegation, die 1955 die Staatsvertragsverhandlungen in Moskau zu einem erfolgreichen Ende gebracht hatte, wurde Bundeskanzler Julius Raab von einem deutschen Journalisten gefragt:
»Eine offene Frage, Herr Bundeskanzler: Warum haben die Russen eigentlich wirklich nachgegeben?«
Darauf Raab:
»Weil wir eine so furchterregende Nation sind.«

Rußland

Wenn man glaubt, daß das menschliche Leben durch den Verstand regiert werden kann, so wird damit die Möglichkeit des Lebens aufgehoben.
Warum hat sich alles so begeben und nicht anders? Weil es sich so begeben hat.
»Der Zufall hat die Lage geschaffen; das Genie hat sie benutzt«, behauptet die Geschichte. Doch was ist Zufall? Was ist Genie?
Einer Hammelherde muß derjenige Hammel, den der Schäfer besonders gut füttert und der darum zweimal so dick wird wie die andern, als ein Genie erscheinen. Und der Umstand, daß gerade dieser Hammel nicht in dem gemeinsamen Schafstall, sondern abseits Hafer erhält und daß dieser, gerade dieser von Fett triefende Hammel zum Essen geschlachtet wird, muß als eine merkwürdige Vereinigung der Genialität mit einer ganzen Reihe außerordentlicher Zufälligkeiten erscheinen. Die Hammel müssen nun aufhören zu glauben, daß alles, was mit ihnen geschieht, ausschließlich zur Erreichung eines Zweckes geschieht, der eben dem Nutzen der Hammel dient; sie müssen nur annehmen, daß die mit ihnen sich zutragenden Begebnisse auch andere, ihnen unverständliche Zwecke haben können; dann werden sie sofort in dem, was mit dem besonders gemästeten Hammel vorgeht, die Einheitlichkeit und Folgerichtigkeit erkennen. Und wenn sie auch nicht verstehen werden, zu welchem Zwecke er gemästet wurde, so werden sie doch wenigstens einsehen, daß alles, was mit dem Hammel vorging, nicht ohne leitende Absicht geschah, und werden weder den Begriff» Zufall« noch den Begriff »Genie« mehr nötig haben.
»Das Herz des Zaren ist in Gottes Hand.« Er allein bestimmt darüber, ob das Blut seines Volkes vergossen werden soll oder nicht. Ein König oder ein Zar ist aber der Sklave der Geschichte. Die Geschichte, das heißt das unbewußte, allgemeine Herdenleben der Menschheit, benutzt jeden Augenblick im Leben der Könige für sich als Werkzeug zur Erreichung seiner Ziele.
Leo Tolstoi: Krieg und Frieden

Seht euch diese erschrockenen, aufgewühlten, verzweifelnden Straßen an. Jedes Steinchen, jede Rotznase schreit zum Himmel: »Räumt diese Freiheit wieder weg, sie ist schwerer als jedes Joch, sie geht über unsere Kraft!« Ist denn die Freiheit außerhalb einer vollen Harmonie denkbar? Sie verwandelt sich schnell in verkappte Sklaverei. Ich werde frei, indem ich den anderen unterjoche. Man kann wohl sehr schnell lernen, sich nicht unterjochen zu lassen, aber es bedarf eiserner Jahrhunderte neuer, unerhörter Prüfungen, um den Willen zu verlieren, die andern zu unterjochen.
Die Menschheit geht jetzt durchaus nicht in ein Paradies, sondern in das schwärzeste, härteste Fegefeuer. Es bricht gleichsam eine Freiheitsdämmerung an. Assyrien und Ägypten werden von dieser neuen, unerhörten Sklaverei übertroffen werden. Aber diese Galeeren werden die Vorstufe, das Pfand der Freiheit sein; nicht der Statue auf dem öffentlichen Platze, nicht der abgegriffenen Empfindung des Zeitungsschreibers, sondern der wahren, lebendigen Freiheit, des unfehlbaren Gleichgewichts, der letzten Harmonie. Ihr werdet fragen: wozu war dann dieser Schritt nach rückwärts oder auf die Seite nötig, wozu diese zwecklosen, verrückten Monate? Es ist ein guter Anschauungsunterricht! Heute ist es alles Lüge. Aber es naht der Tag, wo es zur Wahrheit wird. So ist es unmöglich, so muß es sein! Eine Freiheit, die nicht mit Blut genährt ist,

sondern umsonst aufgelesen, als ein Trinkgeld empfangen worden ist, muß verrecken. Aber merkt es euch: das sage ich euch jetzt, wo Tausende von Händen sich nach dem Stocke ausstrecken und Millionen von Rücken wollüstig nach dem Stocke lechzen: es kommt der Tag, und niemand wird mehr den Stock brauchen. Ein ferner Tag!

Eine Regierung ohne ein Gefängnis ist ein widersinniger, perverser Begriff, etwa wie ein Kater mit beschnittenen Krallen.

Natürlich werde ich sterben, ohne die wilden Felder mit den Tänzen und dem kindlich sinnlosen Lachen der endlich befreiten Menschen gesehen zu haben. Aber jetzt streue ich die Samen dieser fernen Gräser – Wermut, Johanniskraut und Minze – aus. Das Unvermeidliche wird kommen, ich glaube daran, und allen, die es erwarten, allen meinen Brüdern ohne Gott, ohne Programm und ohne Ideen, den Nackten und Verachteten, die nur den Wind und den Skandal lieben, gilt mein letzter Kuß. Hurra! Hipp, hipp, hurra! Vive! Zivio! Hoch! Evviva! Bansai!
Ilja Ehrenburg: Die Abenteuer des Julio Jurenito

Man verglich Nikolaus manchmal mit seinem halbirrsinnigen Ururgroßvater Paul, der, mit Zustimmung des eigenen Sohnes, von einer Kamarilla erdrosselt wurde. Diese zwei Romanows glichen sich tatsächlich in dem Mißtrauen gegen alle, das aus ihrem Mißtrauen gegen sich selbst erwuchs; in dem Argwohn einer allmächtigen Null; in dem Gefühl des Ausgestoßenseins, man könnte sagen, in dem Bewußtsein gekrönter Parias. Nikolaus war nicht nur unbeständig, sondern auch treubrüchig. Die Schmeichler nannten ihn für seine Sanftmut gegen Hofleute: »Charmeur«. Besondere Freundlichkeit jedoch erwies der Zar jenen Würdenträgern, die er davonzujagen beschlossen hatte.
Leo Trotzki: Geschichte der russischen Revolution. 1931

Im Rahmen der Unterdrückungspolitik Stalins spielten Motive persönlicher Rache stets eine wesentliche Rolle. Kamenew berichtete mir einmal, wie sie zu dritt – Stalin, Kamenew und Dserschinskij – im Sommer 1923 (oder war es 1924?) einen Tag herzinnigen Meinungsaustausches in Subalowo beim Glase Wein verbracht hatten. (Sie fühlten sich durch den Kampf verbunden, den sie gegen mich eröffnet hatten.) Nach dem Wein kam es auf der Terrasse zu Gesprächen über gefühlsbetonte Themen: man sprach über den persönlichen Lebensstil und kleine Schwächen, oder so ähnlich. Da sagte Stalin: »Der größte Genuß ist es, einen Feind aufs Korn zu nehmen, sich an ihm nach guter Vorbereitung gründlich zu rächen und sich dann einfach ins Bett zu begeben.«
Leo Trotzki. 1935

Wir haben eine Entartung durchgemacht, die uns zu einer Art prätorianischem Faschismus reichgewordener Bauern gebracht hat.
Nikolai Bucharin im dritten Moskauer Schauprozeß. 1938

Iwan der Schreckliche ruft die Ältesten des Judenrats zu sich und sagt:
»Heute Nacht sind mir meine ehrwürdigen Vorfahren, die Heiligen Boris und Gleb, im Traum erschienen und haben mir befohlen: du mußt alle Juden umbringen! Lange habe ich mit

mir gerungen und bin zu dem Schluß gekommen, euch noch eine Gnadenfrist zu geben. Da habt Ihr einen Esel. Lehrt ihn sprechen. Wenn es euch gelingt, schenke ich euch das Leben.«
Der Älteste des Judenrats überlegt kurz und sagt:
»Gut, das wollen wir tun. Bedenke aber, großmächtiger Zar, daß der Esel ein eigensinniges Tier ist. Wir werden einige Zeit brauchen, ihn sprechen zu lehren.«
»Wieviel Zeit braucht Ihr?« fragt der Zar.
»Vielleicht drei Jahre ... vielleicht sieben Jahre, vielleicht zehn ... Fünf Jahre ganz bestimmt!«
»Gut. Ich gebe euch fünf Jahre. Wenn der Esel in fünf Jahren nicht sprechen kann, lasse ich keinen Juden am Leben«, sagt Iwan der Schreckliche und entläßt die Ältesten des Judenrats.
»Weh uns!« sagen die Ratsmitglieder zum Ältesten. »Der Esel wird nie sprechen lernen!«
»Das nicht«, sagt der Älteste. »Aber wir haben fünf Jahre Zeit, und fünf Jahre sind eine lange Zeit. Und wer weiß, was in fünf Jahren geschehen sein wird? Vielleicht stirbt bis dahin der Esel, vielleicht stirbt der Zar?«

General Suworow war in Ungnade gefallen und lebte zurückgezogen auf seinem Landgut. Als Zar Paul seinen Krieg gegen die Franzosen projektierte, brauchte er den verdienten Heerführer wieder und schickte einen hohen Hofschranzen zu ihm.
»Wer sind Sie?« fragte Suworow.
»Graf Kutaissow.«
»Nie gehört. Ich kenne zwar den ganzen Adel, aber der Name Kutaissow ist mir nicht geläufig. Was haben Sie denn für einen Dienstrang?«
»Oberstallmeister.«
»Und was waren Sie vorher?«
»Oberjägermeister.«
»Und vorher?«
Graf Kutaissow wollte nicht recht mit der Sprache heraus. Schließlich bequemte er sich doch, zuzugeben:
»Kammerdiener beim Zaren.«
»So, so. Da haben Sie dem Zaren also die Pantoffel gebracht, ihn angekleidet und frisiert?«
»So könnte man sagen.«
»Iwan!« schrie der General. »Komm her!«
Sein Bursche kam herbeigelaufen.
»Schau dir diesen feinen Herrn gut an. Der war einmal dasselbe

wie du: hat seinem Herrn Kaffee gebracht und die Stiefel geputzt. Und jetzt hat er die Brust voller Orden! Nimm dich zusammen! Vielleicht wird so etwas auch noch einmal aus dir!«

Ausspruch des Zaren Nikolaus I.:
»In meinem Reich gibt es nur einen Mann, der nicht stiehlt: der bin ich.«

Ausspruch des russischen Historikers Kljutschewski: »Rußland hat auf seinem Zarenthron grausame Tyrannen, Unbegabte, geistesschwache Mörder und ähnliches gesehen, nur keine Kretins. Mit der Thronbesteigung Peters III. wurde diese Lücke ausgefüllt.«

Unter der despotischen Regierung des Zaren Alexander III. unterhalten sich zwei hohe Beamte:
»Das ist Peter der Große mit seiner Knute!« sagt der eine.
»Nein, das ist die Knute ohne Peter den Großen.«

Russischer Geschichtsunterricht:
Alexander I. bestieg den Thron. Rußland ging zugrunde. Der Krieg verheerte das ganze Land, und das Volk litt Hunger.
Man mußte von vorn anfangen.
Unter der Regierung des neuen Herrschers begann Rußland wieder zu blühen, und das Volk ging einer glücklichen Zukunft entgegen.
Zar Nikolaus bestieg den Thron. Rußland ging zugrunde.
Der Krieg verheerte das ganze Land, und das Volk litt Hunger.
Man mußte von vorn anfangen.
Unter der Regierung des neuen Herrschers begann Rußland wieder zu blühen, und das Volk ging einer glücklichen Zukunft entgegen.
Alexander II. bestieg den Thron. Rußland ging zugrunde...
Und so weiter.

Vor Gericht. Der Vorsitzende fragt streng:
»Wie heißen Sie?«
»Mojshe Abramowitsch Lorbeerbaum.«
»Geboren?«
»In Scheschow.«

»Beruf?«
»Altwarenhändler.«
»Konfession?«
»Herr Vorsitzender: ich hab' Ihnen schon gesagt, ich heiße Mojshe Abramowitsch Lorbeerbaum. Geboren bin ich in Scheschow. Von Beruf bin ich Altwarenhändler. Glauben Sie vielleicht, ich bin Buddhist?«

Der Polizeichef einer russischen Kleinstadt frühstückt regelmäßig im ersten Hotel am Platz, von dem es heißt, daß in den Hinterzimmern gespielt wird und daß in den oberen Stockwerken Damenbekanntschaften vermittelt werden. Regelmäßig zahlt der Polizeichef mit einem Zehnrubelschein und bekommt neun Scheine heraus. Einen davon, den einzigen Einrubelschein, überläßt er großzügig dem Kellner. Die übrigen acht sind Dreirubelscheine.

Ein junger Mann aus reichem Haus, der blühend aussieht und vor Kraft strotzt, kommt seltsamerweise nicht zum Militär. Nach dem Grund gefragt, erklärt er: »Ich verstehe auch nicht, daß sie mich nicht nehmen! Ich fühle mich kerngesund. Und vor jeder Musterung wette ich mit dem Oberstabsarzt um fünfhundert Rubel, daß ich diesmal tauglich bin – und immer verliere ich!«

Ein Jude geht in Petersburg spazieren und begegnet einem russischen General.
»Wie kommst du nach Petersburg, Jud?« fragt ihn der General. »Hast du hier Wohnrecht?«
»Jawohl, Herr General, ich bin Handwerker!«
»Was machst du denn?«
»Ich gieße Essig und Wasser zusammen.«
»Das ist doch kein Handwerk! Das kann ich auch!«
»Drum haben Sie ja auch Wohnrecht, Herr General.«

Der Zar wollte sich einmal davon überzeugen, wie treu seine Soldaten ihm sind. Er ließ die Truppen antreten und schritt die Front ab.
Vor einem baumlangen, stämmigen Russen blieb er stehen und sprach ihn an:
»Paß auf: Wenn ich dir befehle, mich zu erschießen, wirst du es tun?«

»Jawohl, Majestät!« sagt der Russe, ohne mit der Wimper zu zucken. Der Zar nickt zufrieden und geht zum nächsten.
Überall stellt er dieselbe Frage, überall bekommt er dieselbe Antwort. Er kommt zum letzten Soldaten in der Reihe. Es ist der Rekrut Aaron Mojsseijewitsch Kantor.
Auch ihn fragt der Zar:
»Wirst du mich erschießen, wenn ich es dir befehle?«
»Nein, Majestät«, antwortet Aaron Mojsseijewitsch Kantor.
Der Zar strahlt vor Freude. Endlich ein intelligenter und obendrein treuer Soldat!
»Und warum nicht?« fragt er wohlwollend. »Du bist doch Soldat. Und wenn dein Zar dir einen Befehl gibt, dann mußt du doch dein Gewehr nehmen und schießen.«
»Das schon«, sagt der Rekrut Aaron Mojsseijewitsch Kantor, »aber ich habe kein Gewehr. Ich bin Tambour.«

Die Juden waren im zaristischen Rußland Aufenthaltsbeschränkungen unterworfen. Wenn sie in einer Stadt wohnen wollten – besonders in Moskau oder in Petersburg –, mußten sie eine amtliche Bewilligung haben. Und diese Bewilligung wurde nur jenen Juden erteilt, die einen Beschäftigungsnachweis erbringen konnten.
Um in Petersburg wohnen zu können, verdingte sich der jüdische Dichter Samuel Frug als Hausknecht bei einem Kaufmann.
Der Petersburger Gelehrte A. A. Harkavy sagte:
»Ist Petersburg nicht die glücklichste Stadt der Welt? Wo sonst gibt es noch eine Stadt, in der die größten Dichter unter den Hausknechten zu finden sind?«

Vor dem Russisch-Japanischen Krieg versuchte die russische Diplomatie, sich im Westen abzudecken. In diesem Zusammenhang wurde auch mit Kaiser Wilhelm II. verhandelt. Er beteuerte dem russischen Botschafter, daß er die Westgrenze Rußlands nach Kräften schützen werde. Die Meldung wurde dem russischen Minister Graf Witte überbracht.
»Vor wem will er uns schützen?« fragte Witte. »Vor sich?«

1916. Ein russischer Apotheker dreht friedlich seine Pillen und mischt Pülverchen zusammen. Es ist aber Krieg. Man bringt ihn nach Dünaburg und steckt ihn in den Schützengraben. Er benimmt sich so unbekümmert, als sei nichts Besonderes los.

Plötzlich – Krach! Ein Schrapnell. Krach! – ein zweites. Krach! – ein drittes.
Steinbrocken und Fleisch, Fetzen, Blut, Blei spritzen nach allen Seiten.
Da springt der Apotheker aus dem Graben, fuchtelt mit den Armen und schreit aus vollem Hals zu den Deutschen hinüber: »Idioten! Seid ihr wahnsinnig? Hier sind doch Menschen!«

1917, nach dem Sturz des Zaren. Kerenski bietet die letzten Reserven auf, um den vordringenden Deutschen Widerstand zu leisten. So wird auch ein ältlicher russischer Jude eingezogen und an die Front geschickt. Kaum hat man ihn aus dem Viehwaggon geholt und im galizischen Schlamm abgeladen, wendet er sich an einen vorbeigehenden Offizier und fragt höflich: »Entschuldigen Sie bitte – wo ist da die Gefangenschaft?«

Ein Maggid (jüdischer Wanderprediger) im alten Rußland: »Gewalt, Leute! Leute, Gewalt! Wißt ihr auch, welchen Tag wir heute haben? Ach, Leute, heut' ist nicht Sonntag, heut' ist nicht Montag, nicht Dienstag, nicht Mittwoch, nicht Donnerstag, heut' ist nicht Freitag und nicht der heilige Schabbes! Was also ist heute? Heute, liebe Brüder, Gewalt über Gewalt, ist Rosch-Haschonoh, und wie ihr wißt, liebe Brüder, muß man an diesem Tag Buße tun. Ach und Weh, Leute, Gewalt, liebe Brüder! Buße tun ist eine große Sache, und wir alle müssen Buße tun!
Da will ich euch erzählen, was bei uns im Städtel passiert ist, mit einem Apikojres, einem Freigeist, ach und weh, Gewalt! Da werdet ihr sehen, was Buße tun heißt und was fromm sein heißt! Aber ich bitte euch, meine lieben Brüder, hört genau zu meinen Worten, denn sie haben tiefen, tiefen Sinn. Ach, bei uns im Städtel war einmal ein Jud, ein gottloser Apikojres, ein Heide, wie er im Buch steht. Er hat – keinem von euch wünsch ich's – trefe gegessen, am Schabbes geschrieben und so weiter getan alle Arten von Sünde. Gewalt, da ist die Stunde gekommen, da der Apikojres sich entschlossen hat, zu sterben. Stirbt aber ein Jude, so muß man ihn begraben. Hat man den Juden genommen und begraben. Aber was glaubt ihr, liebe Brüder, ist geschehn? Am nächsten Tag hat ihn die Erde ausgespien! Man rennt zum Rabbi:
›Heiliger Rabbi, das und das ist geschehn, was ist zu tun?‹
Der Rabbi, er soll leben, hat gesagt:

›Nehmt den Apikojres und werft ihn ins Feuer!‹
Hat man den Apikojres genommen und ins Feuer geworfen. Aber das Feuer wollt' ihn nicht verbrennen. Wieder rennt man zum Rabbi.
›Heiliger Rabbi, barmherziger Vater, was ist zu tun?‹
Der Rabbi, er soll leben, hat gesagt:
›Werft ihn vor die Hunde!‹
Ach und Weh, hat man den Apikojres genommen und den Hunden vorgeworfen. Aber die Hunde wollten ihn nicht fressen, ach, Leute, meine lieben Brüder!
Jetzt seht ihr selber, was es bedeutet, nicht Buße tun und nicht fromm sein! Und euer Ende wird dasselbe sein, wenn ihr Sünden begeht wie der Apikojres. Wenn ihr aber fromm seid und Buße tut, wird es euch wohlergehen: aufnehmen wird euch die Erde, verbrennen wird euch das Feuer, und fressen werden euch die Hunde!«

Lew Dawidowitsch Bronstein hat sein Heimatstädtchen verlassen. Seinem Vater kommt zu Ohren, daß er ein Bolschewik geworden ist. Ein führender Bolschewik.
Man hört, daß er den Namen Trotzki angenommen und dem Glauben der Väter abgeschworen hat.
Der alte Vater belegt den ungeratenen Sohn mit dem Bannfluch.
Jahre vergehen.
1905 versuchen die Bolschewiken eine Revolution. Die Revolution scheitert. Trotzki flieht ins Ausland. Man hört nichts mehr von ihm. Später sickert die Nachricht durch, daß er sich in Kaffeehäusern in Wien und Genf herumtreiben soll.
1917. Die Revolution hat gesiegt. Im Haus vom alten Dawid Bronstein versammeln sich die Honoratioren des Städtchens. Aus dem jungen Lew Dawidowitsch ist Leo Trotzki geworden, einer der mächtigsten Männer der neuen Sowjetrepublik, ein großer General, Führer der Roten Armee. Man legt dem Alten nahe, seinen Sohn in Moskau zu besuchen.
Dawid Bronstein setzt sich in die Eisenbahn und fährt nach Moskau. Er fragt sich durch zum Kreml. Zwei riesige Rotarmisten wollen ihm den Eintritt verwehren.
»Ich bin der Vater von Leo Trotzki«, sagt der Alte.
Man prüft seine Papiere, läßt ihn ein. Im Innenhof nimmt ihn ein Leutnant in Empfang, führt ihn durch ein paar Gänge, übergibt ihn einem Hauptmann.

Wieder prüft der Hauptmann seine Papiere, dann führt er ihn in ein anderes Gebäude und übergibt ihn einem Obersten.
Der Oberst schaut den Alten streng an, auch er überprüft seine Papiere und wird darauf gleich freundlicher. Dann führt er ihn durch mehrere Zimmerfluchten in einen großen Saal, in dem lauter Generäle herumsitzen und offenbar warten.
Einer der Generäle nimmt sich des alten Bronstein an und führt ihn in einen anderen Saal. Dort sitzen lauter Diplomaten in Frack und Zylinder. Der General geht mit dem Alten vorbei, ohne die Diplomaten zu beachten, klopft schüchtern an eine Tür und läßt, als geöffnet wird, den Alten allein eintreten.
In einem riesigen Saal sitzt Leo Trotzki an einem Schreibtisch, an dem fünfundzwanzig Personen speisen könnten, und telefoniert an fünf Telefonen. Diplomaten und Marschälle scharwenzeln um ihn herum und flitzen, nachdem er ein paar Worte zu ihnen gesagt hat, davon.
Trotzki erblickt seinen Vater und winkt ihm, ein bißchen zu warten. Der Alte setzt sich auf einen Stuhl und beobachtet das Getriebe. Wie ihm scheint, leitet sein Sohn den Kampf an fünf Kriegsschauplätzen zugleich, befiehlt einen Generalstreik in New York, organisiert einen Aufstand in Südamerika, provoziert einen Bankkrach in Paris und teilt die Interessensphären zwischen China und Japan auf.
Endlich ist er fertig, steht auf, kommt zu seinem Vater, begrüßt ihn, nimmt ihn am Arm und führt ihn hinaus.
Sie gehen durch den Saal mit den Diplomaten. Die Diplomaten springen auf und ziehen die Zylinder. Trotzki winkt lässig. Sie gehen durch den Saal mit den Generälen. Die Generäle stehen stramm und salutieren wie ein Mann.
In den Korridoren präsentieren die Wachtposten, Zivilisten machen tiefe Bücklinge, Marschälle reißen die Hacken zusammen.
Sie kommen in den Garten. Endlich können sie sich ruhig unterhalten.
»Die Geschäfte gehen gut, wie ich sehe«, beginnt der Alte das Gespräch.
»Man kann nicht klagen«, erwidert der Sohn.
»Und du bist der Chef?«
»Wie du siehst, hören alle auf mich.«
»Also gehört das Geschäft dir?«
»Ja.«
Während sie weitergehen und Erinnerungen austauschen, sprin-

gen immer wieder Männer in prächtigen Uniformen mit ihren Orden klirrend vor ihnen auf und salutieren. Trotzki winkt lässig zurück.
Plötzlich begegnet ihnen ein verschrumpeltes Männchen, in einem Rollstuhl sitzend, der von einer Krankenschwester geschoben wird.
Trotzki macht Front, schlägt die Hacken zusammen und salutiert.
Das Männchen bewegt nur die Finger zum Gruß. Trotzki verharrt in Habachtstellung, bis der Rollstuhl vorbeigefahren ist.
»Wer ist das?« fragt der Alte verblüfft.
»Lenin, mein Kompagnon.«
»Du hast doch gesagt, du führst das Geschäft allein!«
»Ja, aber er hat die Konzession.«

Ein russischer Rabbi wird gefragt:
»Rabbi, kann man, wie Stalin sagt, den Sozialismus in einem Land aufbauen?«
»Man kann«, antwortet der Rabbi, »aber dann sollte man in einem anderen Land leben.«

Zwei Juden treffen sich in Moskau.
»Was glaubst du: haben wir den hundertprozentigen Kommunismus schon erreicht, oder kommt es noch schlimmer?«

Endlich hat Nikolaj sein Visum bekommen und fährt zu seinem Onkel nach Paris. Der Onkel empfängt ihn mit Hallo. »Jetzt gehen wir aus«, sagt er. »Aber bevor wir ausgehen, mußt du dir einen neuen Anzug kaufen. Komm, gehen wir in ein Geschäft!«
»Wie?« fragt der Neffe. »Einfach in ein Geschäft gehen? Ohne Bewilligung?«
»Selbstverständlich! Du kannst dir aussuchen, was du willst! Farbe, Qualität, alles egal.«
»Aber werden wir auch genügend Zeit haben? Wir müssen uns doch anstellen.«
»Woher! In ein paar Minuten ist alles erledigt, und dann gehen wir in ein Restaurant!«
»In welches?«
»Wo du willst!«
»Man kann bei euch essen, wo man will?«

»Selbstverständlich! Anschließend bummeln wir durch Paris, und morgen reisen wir ab, an die Küste. An die baskische, an die bretonische oder an die Riviera. Was ist dir lieber?«
»Was? Man kann einfach wegfahren, wohin man will, ohne Einweisung?«
»Warum nicht? Hier kann man machen, was man will. Wir sind frei!«
Nikolaj überlegt eine Weile, dann schüttelt er den Kopf.
»Was für ein Chaos!«

Ein französischer Attaché ißt mit seinem sowjetischen Gesprächspartner in einem Moskauer Restaurant.
Plötzlich ruft er den Kellner und sagt entrüstet:
»Hören Sie, Sie haben mir drei Kalbsmedaillons gegeben: zwei waren weich, aber das dritte läßt sich nicht einmal schneiden!«
»Das glaub' ich Ihnen«, sagt der Kellner. »Das ist das Mikrophon.«

Politische Versammlung in Moskau. Ein Aktivist spricht über den technischen und wirtschaftlichen Fortschritt.
»In fünf Jahren wird jeder Sowjetbürger sein eigenes Auto haben«, verkündet er, »und schon in zehn Jahren ein eigenes Flugzeug!«
Die Versammlung ist sehr beeindruckt von diesen großartigen Aussichten, aber bei der anschließenden Diskussion meldet sich einer der Teilnehmer zu Wort und fragt:
»Wozu brauche ich ein Flugzeug, Genosse?«
»Das ist doch höchst praktisch, Genosse«, belehrt ihn der Redner: »Wenn es in Moskau keine Streichhölzer gibt, steigst du einfach in dein Flugzeug, fliegst nach Charkow und kaufst dir dort gleich ein paar Päckchen Streichhölzer!«

Stalin braucht Geld. Er wendet sich unter anderem an den Frankfurter Bankier Guggenheimer und lädt ihn zu einer Studienreise in die Sowjetunion ein.
»Danke«, sagt Guggenheimer. »Ich kann leben, ohne gehängt zu werden.«

Um das »Volkseigentum« vor Diebstählen durch die Arbeiter zu schützen, steht vor jedem russischen Fabriktor ein Wächter. Einem der Wächter fällt Iwan auf, der mit einem Schubkarren, auf dem ein Sack liegt, passieren will.

»Was hast du in dem Sack, Iwan?«
»Sägespäne. Der Aufseher hat mir erlaubt, sie zu Hause zu verheizen.«
Der Wächter glaubt Iwan kein Wort.
»Ausleeren!« kommandiert er.
Der Sack wird ausgeleert. Er enthält tatsächlich Sägespäne.
Am nächsten Tag wiederholt sich die Szene.
»Diesmal legst du mich nicht herein«, sagt der Wächter. »Ausleeren!«
Iwan leert den Sack aus. Nichts als Sägespäne. Der Wächter muß ihn passieren lassen. Am dritten, vierten, fünften Tag immer dasselbe.
Am siebenten Tag verliert der Wächter die Geduld.
»Hör zu, Iwan«, sagt er. »Ich weiß, daß du etwas stiehlst. Ich werde dich aber nicht mehr kontrollieren. Du kannst ungehindert weiterstehlen. Sag mir bitte nur eins: *Was* stiehlst du?«
»Schubkarren!«

Ein georgischer Abgeordneter geht in einem Dorf auf den Markt, um Obst einzukaufen. Der Händler, vor dessen Tisch er stehenbleibt, begrüßt ihn respektvoll mit Namen und Titel. Der Abgeordnete fühlt sich geschmeichelt, daß man ihn erkannt hat.
»Ich habe Ihr Bild in der Zeitung gesehen, Genosse«, erklärt der Händler, »und fühle mich sehr geehrt, daß Sie gerade bei mir kaufen wollen. Was darf es sein?«
»Ich möchte eine Melone.«
»Bitte, wählen Sie!«
»Aber es ist nur mehr eine da«, sagt der Abgeordnete, »und die ist schon angefault. Wie soll ich da wählen?«
»Genauso wie bei den Wahlen.«

Eine Moskauer Zinskaserne. Ein Mann steht vor der Tür und läutet. An der Tür befindet sich das Namensschild RABINOWITSCH. Nach einer Weile öffnet ein zerzauster Mann unbestimmten Alters. »Lebt hier der Schneider Rabinowitsch?«
»Nein.«
»Wer sind dann Sie?«
»Ich bin der Schneider Rabinowitsch.«
»Was reden Sie dann?!«
»Das nennen Sie leben?«

Die sowjetischen Grenzwächter haben Auftrag, alle zu beschießen, die versuchen sollten, die Grenze zu überschreiten. Einer der Grenzwächter sieht voll Verblüffung Scharen von Kaninchen ankommen.
»Um der Barmherzigkeit willen, laßt uns durch!«
»Was ist denn mit euch los, Freundchen?«
»Uns ist vertraulich mitgeteilt worden, daß demnächst alle Giraffen im Land niedergemetzelt werden sollen.«
Der Grenzwächter beugt sich lachend zu ihnen nieder.
»Aber ihr Kleinen, ihr wißt doch hoffentlich, daß ihr keine Giraffen seid!«
»Das wissen wir schon«, antwortet zitternd der Wortführer der Kaninchen. »Aber wie sollen wir das beweisen?«

Eine Postkartensammlung:
Grüße aus dem freien Moskau!
Grüße aus dem freien Warschau!
Grüße aus dem freien Prag!
Grüße aus Paris vom freien Iwan Iwanowitsch!

In einem Konzentrationslager fragt ein Insasse einen anderen:
»Warum bist du hier?«
»Weil ich im Jahr neunzehnhundertneununddreißig schlecht über den Genossen Popow gesprochen habe. Und du?«
»Weil ich im Jahr neunzehnhundertdreiundvierzig gut über Popow gesprochen habe.«
Darauf wenden sich die zwei an einen dritten: »Und du?«
»Ich bin der Genosse Popow«, antwortet der dritte.

Pawel Pawlowitsch wird im Rahmen einer großen Feier für seine hervorragenden Arbeitsleistungen ausgezeichnet. Man übergibt ihm ein wunderschönes Diplom, in dem er zum Stachanowisten ernannt wird. Als die Feier zu Ende ist, bleibt Pawel Pawlowitsch im Saal.
»Worauf wartest du noch«, fragt ihn der Parteisekretär.
»Auf das Geld.«
»Was für Geld?«
»Gehört zu diesem Preis nicht auch eine Prämie?« fragt Pawel Pawlowitsch.
»Nein. Eine so hohe Auszeichnung genügt vollkommen.«
»Was? Kein Geld? Nur die Schande?«

»Haben Sie schon gehört? Die *Prawda* hat ein Preisausschreiben für die besten Witze gestartet. Erster Preis: Zwanzig Jahre.«

Zum hundertsten Todestag des russischen Dichters Alexander Puschkin im Jahr 1937 schreibt die Sowjetregierung einen Wettbewerb für ein repräsentatives Puschkin-Denkmal aus. Eine Fülle von Entwürfen strömt herein.
In die engste Wahl kommen drei Arbeiten:
»Puschkin steht auf einem Gipfel im Kaukasus und blickt in die Ferne.«
»Puschkin fällt, niedergestreckt von der Kugel seines Duellgegners.«
»Puschkin wird von den Musen mit Lorbeer bekränzt.«
Den ersten Preis aber bekommt der Entwurf mit dem Titel:
»Stalin liest Puschkin.«

Es war einmal ein Herrscher, der hatte nur ein Bein, war bucklig und einäugig. Er bestellte ein Porträt beim bekanntesten Maler des Landes. Der Maler hatte Angst, den Herrscher in seiner Häßlichkeit zu zeigen und machte aus ihm einen Schönling. Er malte auch das fehlende Bein, das zweite Auge und brachte den Buckel zum Verschwinden. Der Herrscher fühlte sich aber gefoppt und ließ den Maler köpfen. Ein zweiter Maler, der hierauf denselben Auftrag bekam, beeilte sich nach dieser Erfahrung, den Herrscher ganz lebensecht zu malen: Einbeinig, bucklig und mit einem Auge. Der Herrscher fand das Porträt so scheußlich, daß er auch diesen Maler köpfen ließ. Der dritte Maler rettete sich, indem er den Herrscher von der Seite, auf einem Pferd sitzend und mit einer Flinte zielend zeigte. Das Bild, das naturgemäß nur ein Bein und ein offenes Auge zeigte und den Buckel durch die Haltung des Jägers rechtfertigte, kann man heute noch im Nationalmuseum bewundern. Es ist der Ursprung des Sozialistischen Realismus.

Stalin, Truman und Churchill sitzen während der Potsdamer Konferenz in einer Verhandlungspause zusammen. Churchill zieht eine goldene Tabatière und bietet Zigaretten an. Die beiden anderen Herren bedienen sich und bewundern die Tabatière. Truman liest laut die eingravierte Widmung:
»Unserem alten Winnie – der Rotary-Club.«
Nun zeigt Truman seine Zigarettendose. Sie ist ebenfalls aus purem Gold; die Widmung lautet:

»Unserem lieben Harry! Die Demokratische Partei.«
Schließlich zeigt auch Stalin seine Tabatière. Schweres Gold, Brillanten, eine Widmung in gestochener Schrift:
»Unserem lieben Grafen Windischgrätz – der Wiener Jockey-Club.«

Anläßlich der Unterzeichnung der Handelsverträge zwischen der Sowjetunion einerseits und Polen, Ungarn, der Tschechoslowakei, Rumänien und Bulgarien andererseits hat die Protokollabteilung des sowjetischen Außenhandelsministeriums folgende Richtlinien für das Zeremoniell ausgearbeitet:
Ankunft der ersten Delegation auf dem Moskauer Flugplatz: 9 Uhr,
Ankunft der Delegation im Außenhandelsministerium: 9.30 Uhr,
Verhandlungen und Verlesung des Vertrages: 9.35 bis 9.37 Uhr,
Unterzeichnung: 9.38 bis 9.50 Uhr,
Gabelfrühstück: 9.50 bis 10 Uhr.
Die anderen Delegationen kommen in Abständen von je 15 Minuten an die Reihe. Während die erste gabelfrühstückt, kann die zweite schon unterzeichnen. So wird der Chef unserer Delegation in der Lage sein, unserer weisen Führung das Referat über die Durchführung seiner Aufgabe spätestens um 11 Uhr zu unterbreiten. Im Falle unvorhergesehener Schwierigkeiten werden die ausländischen Delegierten von Beamten des sowjetischen Außenhandelsministeriums vertreten.
Abreise der Delegierten: gleich nach Unterzeichnung des Vertrages bzw. nach dem Gabelfrühstück.
Um die Prozedur beim Abschluß von Handelsverträgen mit den Volksdemokratien zu vereinfachen, hat das Außenhandelsministerium der Sowjetunion ein Schema von sieben Punkten ausgearbeitet, das allen Beamten, besonders Neulingen, die mit der sowjetischen Handelspolitik noch nicht ganz vertraut sind, die Arbeit wesentlich erleichtern soll. Das Schema sieht folgendes vor:
1. Preis:
Die Ware wird immer zum niedrigsten Preis gekauft. Wenn es keinen niedrigsten Preis gibt, muß er noch gesenkt werden.
2. Verhandlungen:
Um keine Zeit mit komplizierten Verhandlungen zu verlieren, wird unser Delegierter dem jeweiligen Partner die Verhandlungsergebnisse schon im voraus kameradschaftlich mitteilen.

3. Währung:
Beim Einkauf die Währung des Landes, von dem wir kaufen. (Forint, Lei, Tschechische Kronen usw.) Beim Verkauf Rubel, am besten aber Dollars.
4. Kurs:
Wird erst nach Abschluß bekanntgegeben.
5. Lieferungstermin:
Beim Einkauf – sofort. Beim Verkauf – wird später bekanntgegeben.
6. Lieferungsort:
Direkt nach dem Westen oder über Moskau.
7. Verpackung:
In freundschaftlicher Atmosphäre unter der Marke: »Made in USSR.«

Bei einer Moskauer Party entschlüpft einem Gast der Ausruf:
»Gott sei Dank!«
Der Gastgeber stellt ihn zur Rede:
»Man sagt nicht: Gott sei Dank, sondern Stalin sei Dank.«
»Und was ist, wenn Stalin stirbt?«
»Dann kannst du sagen: Gott sei Dank!«

Knapp vor seinem Tode wollte Stalin noch etwas Großes vollbringen und führte zur Erziehung der Sowjetvölker den Tag der Höflichkeit ein. Massenversammlung auf dem Roten Platz, Stalin hält eine Rede über die Höflichkeit. Plötzlich niest jemand. Stalin unterbricht seine Rede und fragt:
»Wer hat geniest, Genossen?«
Eisiges Schweigen in der Menge. Niemand rührt sich. Auf ein Zeichen Stalins eröffnet ein MWD-Kommando aus Maschinenpistolen Feuer und mäht die erste Reihe des Publikums nieder. Stalin setzt seine Rede fort. Wieder niest jemand.
»Wer hat geniest, Genossen?«
Niemand meldet sich. Die zweite Reihe wird niedergemäht.
Als Stalin zum drittenmal durch ein Niesen im Publikum unterbrochen wird, meldet sich auf seine Frage ein kleines altes Männchen aus der nun vordersten Reihe und sagt zitternd:
»Ich war es, Genosse Stalin.«
Daraufhin verläßt Stalin die Rednertribüne, geht auf das Männchen zu, schüttelt ihm die Hand und sagt strahlend:
»Gesundheit, Genosse!«

Nach Stalins Tod fand man zwei Testamente. Auf dem einen stand:
»Zu öffnen nach meinem Tode, falls es bergab geht.«
Auf dem anderen stand:
»Zu öffnen nach meinem Tode, falls es bergauf geht.«
Es ging bergab: die Spitzenfunktionäre kämpften um die Nachfolge Stalins.
Man öffnete das erste Testament. Darin fand sich die Anweisung:
»Schiebt alle Schuld auf mich!«
Dies geschah. Es ging bergauf. Man öffnete das zweite Testament. Darin fand sich die Anweisung:
»Macht es genauso wie ich!«

Was ist der Unterschied zwischen einer Demokratie und einer Volksdemokratie?
Derselbe wie zwischen einer Jacke und einer Zwangsjacke.

Pjotr und Pawel treffen sich auf dem Roten Platz. Pjotr zieht eine kummervolle Miene.
»Was ist mir dir?« fragt Pawel.
»Nichts Besonderes ... ich mache mir nur Sorgen, es könnte ein Krieg ausbrechen.«
»Darüber brauchst du dir wirklich keine Sorgen zu machen. Wir sind soweit, daß wir jeden Krieg verhindern können. Paß auf: Wir nehmen einfach zwölf Atombomben, verpacken sie in zwölf Koffer, und die lassen wir dann an die zwölf wichtigsten Punkte Amerikas bringen. Also zum Beispiel: einige Häfen, die größten Industriestädte, Atombombenlager, Fabriken und so weiter. Wenn dann die Amerikaner mit Krieg drohen, lassen wir durch Fernzündung alle zwölf Atombomben explodieren, und Amerika ist erledigt! Alles klar?«
Pjotr schaut noch immer bekümmert drein.
»Was ist denn? Leuchtet dir mein Plan nicht ein?«
»Das schon, der Plan ist gut. Die Atombomben sind da, mit der Fernzündung wird es auch klappen. Aber wo nehmen wir die zwölf Koffer her?«

»Kommen Sie näher zum Mikrophon, Genosse Popow. Ich möchte Ihnen einige Fragen stellen. Genosse Popow, was haben Sie für eine Wohnung?«
»Ich habe drei Zimmer, Küche, Bad und WC.«

»Wunderbar! Und was hatten Sie vorher?«
»Einen einzigen Raum für uns sechs.«
»Konnten Sie Ersparnisse machen?«
»Ja, ich habe dreihunderttausend Rubel auf der Volksbank.«
»Und vorher?«
»Vorher hatte ich natürlich Schulden.«
»Was pflegen Sie zu speisen, Genosse Popow?«
»Ich speise Poularden, Gänsebraten, Truthühner, Rindfleisch und Fasanen.«
»Und vorher, Genosse Popow?«
»Vorher aß ich trockenes Brot, aber nicht viel.«
»Bravo, Genosse Popow! Und jetzt die letzte Frage. Seit wann ist diese Wandlung in Ihrem Leben eingetreten?«
»Seitdem meine älteste Tochter die Freundin des Volkskommissars geworden ist.«

Auf einem Moskauer Bahnhof steht ein Amerikaner, dem sein russischer Intourist-Betreuer erklärt:
»Auf Bahnsteig drei fährt der Zug mit den Urlaubern nach Sotschi ab. Von Bahnsteig fünfzehn reisen die glücklichen Werktätigen nach Jalta. Auf Bahnsteig siebenunddreißig kommt gerade ein Güterzug, vollbeladen mit ukrainischem Weizen, aus Charkow an. Auf Bahnsteig einundzwanzig bringt ein Zug sonnenhungrige Kinder nach Turkestan.«
»Aber ich sehe keine Züge!« sagt der Amerikaner verständnislos.
»Und Sie lynchen keine Neger?«

In der Kunstabteilung des großen Moskauer Warenhauses GUM.
Ein Holländer kommt herein, um ein Andenken zu kaufen, sieht aber nichts anderes als Leninbüsten, Leninbüsten und nochmals Leninbüsten. Alle sind aus Gips, eine sieht aus wie die andere. Ratlos steht der Holländer vor diesem erdrückenden Angebot an Leninbüsten.
Ein Verkäufer tritt auf ihn zu, hüstelt und fragt höflich:
»Haben Sie schon gewählt?«

Bulganin erscheint täglich in seinem Büro mit militärischer Pünktlichkeit. Um sieben Uhr früh ist er da. Sein Bürodiener kommt immer erst um halb neun. Eines Tages stellt Bulganin den Bürodiener zur Rede. »Genosse Ministerpräsident«, sagt der Bürodiener, »Sie kommen jeden Tag um sieben Uhr früh, damit Sie schon um sieben wissen, daß Sie Ministerpräsident sind. Mir genügt es vollkommen, um halb neun zu erfahren, daß ich noch immer Bürodiener bin.«

Inspektion einer Schule in Swerdlowsk.
»Wer ist der beste Schüler?« fragt der Inspektor den Lehrer.
»Iwan Smirnow«, antwortet der Lehrer. »Er ist allen anderen um mindestens ein Jahr voraus.«
»Gut, ich werde dich prüfen«, sagt der Inspektor zu Iwan Smirnow.
»Sag mir, wer die schlimmsten Feinde der Partei waren.«
»In erster Linie Stalin.«
»Und weiter?«
»Malenkow.«
»Richtig. Und weiter?«
»Chruschtschow.«
Der Inspektor dreht sich zum Lehrer um und sagt:
»Sie haben recht, Genosse. Er ist mindestens um ein Jahr voraus.«

Chruschtschow in New York. Gespräch mit Kennedy.
»Wie gefällt es Ihnen jetzt bei uns?« fragt Kennedy.
»Viel besser als in der Ära Eisenhower«, antwortet Chruschtschow. »Das einzige, was mich stört, sind die vielen Betrunkenen auf der Straße.«
»Ich glaube kaum, daß Sie sich darüber beklagen können«, sagt Kennedy. »Ich bin sicher, daß es in Moskau viel mehr Betrunkene auf der Straße gibt.«
»Keinen einzigen!« empört sich Chruschtschow. »Wenn Sie nach Moskau kommen, stelle ich Ihnen frei, jeden Betrunkenen, den Sie auf der Straße sehen, ohne weiteres zu erschießen!«
Notgedrungen muß Kennedy seinem Gast in New York dasselbe Recht einräumen.
Kaum tritt Chruschtschow am nächsten Tag aus dem Hotel, begegnet ihm eine Horde grölender Betrunkener. Chruschtschow greift zur Maschinenpistole und erschießt die ganze Gruppe.
Überschrift der Extra-Ausgabe:
»Irrsinniger Glatzkopf erschießt sowjetische Delegation!«

Stoßseufzer Chruschtschows: »Wie gut hat es doch dieser Kennedy mit seinen Amerikanern! Kaum sagt er ihnen, daß sie schlechteren Zeiten entgegengehen, glauben sie ihm schon. Und ich sage meinen Russen seit Jahren, daß sie besseren Zeiten entgegengehen, und kein Mensch glaubt mir!«

Ein Ausländer kommt in Moskau ins Technische Museum. Im Vestibül steht die Gipsstatue eines bärtigen, bebrillten Mannes.
»Wer ist das?« fragt der Ausländer seinen Intourist-Begleiter.
»Der Genosse Smirnow. Ein Erfinder.«
»Was hat er erfunden?« will der Ausländer wissen.
»Eine ganze Menge: die Glühbirne, den Explosionsmotor, die Füllfeder, die Rasierklinge, den Blitzableiter und die Atomzertrümmerung.«
Vis-à-vis steht ebenfalls die Gipsstatue eines bärtigen, bebrillten Mannes.
»Und wer ist das?« fragt der Ausländer.
»Das ist der Genosse Surkow. Auch ein Erfinder.«
»So, was hat denn der erfunden?«
»Den Genossen Smirnow.«

Ein Amerikaner und ein Russe geraten über den Begriff »Freiheit der Meinungsäußerung« in Streit. Der Amerikaner versucht dem Russen seinen Standpunkt auseinanderzusetzen:
»Passen Sie auf«, sagt er. »Wenn ich mich hinsetze und einen Brief an das Weiße Haus schreibe, in dem der Satz steht: ›Ich halte den Präsidenten der USA für einen Trottel!‹, dann passiert mir nicht das geringste!«
»Na und?« antwortet der Russe, »wenn ich mich hinsetze und einen Brief an den Kreml schreibe, in dem der Satz steht: ›Ich halte den Präsidenten der USA für einen Trottel!‹, was soll mir schon passieren?«

Kennedy, Macmillan und Chruschtschow rasen über eine amerikanische Schnellstraße. Hinter ihnen ein Wagen, der mit Gangstern besetzt ist. Sie schießen aus Maschinenpistolen. Der Abstand wird immer kleiner. Als sie nur mehr ein paar Meter entfernt sind, zieht Kennedy hastig sein Scheckbuch aus der Tasche und kritzelt hin: »Eine Million Dollar!« Er reißt den Scheck ab und wirft ihn aus dem Wagen.
Die Gangster halten und nehmen sich den Scheck. Offenbar macht ihnen die Summe aber keinen Eindruck, denn sie nehmen die Verfolgung wieder auf, kommen noch näher als vorher und zerschießen die Reifen.

Macmillan reißt sein Scheckbuch heraus und kritzelt hin: »Eine Million Pfund!«
Die Gangster halten kurz, nehmen den Scheck an sich und jagen den drei Politikern weiter nach. Sie kommen immer näher und zerschießen den Benzintank.
Chruschtschow zieht ein Stück Klosettpapier aus der Tasche, kritzelt mit dem Bleistift ein paar Worte darauf und wirft das Papier aus dem Wagen.
Die Gangster nehmen das Papier an sich, springen ins Auto zurück, wenden mit quietschenden Reifen und rasen in einer Staubwolke davon.
Kennedy und Macmillan atmen erleichtert auf.
»Wieviel hast du ihnen gegeben?« fragen sie Chruschtschow.
»Nichts.«
»Wieso? Was hast du auf den Zettel geschrieben?«
»Ich habe geschrieben: Dieser Weg führt zum Sozialismus!«

Ein afrikanischer Politiker sagt zu seinem Kollegen:
»Statt uns tonnenweise kommunistische Zeitschriften, Bücher und Propagandabroschüren zu schicken, sollten die Sowjets lieber etwas für die Ernährung unserer Bevölkerung tun.«
»Sehr richtig.«
»Und das habe ich dem sowjetischen Beauftragten neulich auch deutlich zu verstehen gegeben.«
»Und hat es was genützt?«
»Ja, heute ist eine ungeheure Schiffsladung eingetroffen.«
»Mit Lebensmitteln?«
»Nein, mit Kochbüchern.«

Iwan Alexandrowitsch Kolessow pflegt täglich in der Frühstückspause die *Prawda* zu lesen. In letzter Zeit häufen sich die alarmierenden Nachrichten von den massiven Drohungen der amerikanischen Kriegshetzer. Iwan Alexandrowitsch Kolessow wird schon ganz nervös. Als er eines Tages in der *Prawda* von der amerikanischen Atomrüstung liest, wird er fuchsteufelswild und schlägt mit der Faust auf den Tisch.
»Dieses verdammte Amerika! Hätten wir es doch nie entdeckt!«

Chruschtschow besichtigt eine Schule in Poltawa. Auf dem Katheder steht ein Globus.
Chruschtschow ruft den kleinen Pjotr heraus.

»Sag einmal«, fragt er, »warum steht der Globus schief?«
»Ich kann nichts dafür, Genosse Chruschtschow!« sagt Pjotr weinerlich.
Chruschtschow ruft den kleinen Sascha heraus.
»Sag du mir«, fragt er, »warum steht der Globus schief?«
Sascha weint schon.
»Ich kann auch nichts dafür!« plärrt er.
Ein Kind nach dem andern wird herausgerufen und beteuert seine Unschuld. Chruschtschow wendet sich an die Lehrerin:
»Was ist denn mit Ihrer Klasse los?« fragt er streng.
»Nikita Sergejewitsch«, sagt die Lehrerin, »ich muß mich wirklich sehr entschuldigen, aber der Globus war schon so, als wir ihn gekauft haben, nicht wahr, Genosse Direktor?«
Der Direktor ist rot angelaufen.
»Hab' ich Ihnen nicht schon immer gesagt«, brüllt er die Lehrerin an, »auf dem Schwarzen Markt soll man nichts kaufen?«

Zwei Bauern aus der Ukraine kommen nach Moskau und besuchen eine Gemäldeausstellung. Sie bleiben vor einem Bild stehen, das *Ernte* betitelt ist. Riesige goldene Weizenfelder prangen in der Sonne. Männer und Frauen gehen gebückt unter riesigen Garben, und die Wagen sind so überladen, daß der Weizen herunterfällt.
»Die Maler haben's gut«, sagt Andrej seufzend zu Iwan, »denn von der Kunst, bei der heiligen Mutter Gottes von Poltawa, versteht Nikita Sergejewitsch wirklich was!«

Der Schriftsteller W. W. Rybkin ist aus dem sowjetischen Schriftstellerverband ausgeschlossen worden, weil er sein Soll in der Kampagne gegen den Persönlichkeitskult nicht erfüllt hat. Kein Verlag zahlt ihm eine Kopeke. Keine Zeitung druckt eine Zeile von ihm ab. Kein Kollege traut sich, ihm in irgendeiner Weise zu helfen. Der Hausvertrauensmann kündigt ihm das Mietverhältnis. Er steht auf der Straße, er hat nichts zu essen. Rybkin verläßt die Stadt und marschiert barfuß über die Landstraße. Seinen Durst stillt er am nächsten Bach, seinen Hunger auf einer Wiese, indem er Gras ißt.
Plötzlich kommt über die Rollbahn eine Autokolonne daher. Auf einen Befehl stoppen hintereinander zwölf SIS-Limousinen. Drei Herren kommen über die Wiese auf W. W. Rybkin zu. Zu seinem Schrecken erkennt der gemaßregelte Schriftsteller die Herren Gromyko, Mikojan und Chruschtschow.

»Was tust du da?« fragt ihn Gromyko.
»Ich esse Gras«, antwortet der Mann und erzählt dem Außenminister in kurzen Zügen sein Schicksal.
»Ich bitte dich!« sagt Gromyko. »Du bist doch ein Intellektueller, du darfst dich nicht so erniedrigen!« Und er gibt dem Schriftsteller einen Zehnrubelschein.
Mikojan, der Wirtschaftskapitän des Ostblocks, schaut verächtlich auf seinen verbeamteten Kollegen und drückt W. W. Rybkin einen Hundertrubelschein in die Hand.
»Bist du blind?« fährt Chruschtschow den Schriftsteller an. »Was frißt du Gras, wenn es da drüben einen Heuhaufen gibt?«

Der Redner in einer Versammlung erzählt von seinem entlegenen Heimatdorf Iwanowo.
»Stellt euch vor, Genossen«, sagt er, »als ich vor einigen Jahren Iwanowo verließ, war dort nichts als eine windschiefe Hütte und ein staubiger Weg. Und was sehe ich, als ich vor einigen Monaten hinkomme? An derselben Stelle, wo einst nichts war als eine windschiefe Hütte und ein staubiger Weg, sehe ich: ein Stahlkombinat, eine moderne Siedlung, ein Entbindungsheim, ein Kulturhaus mit Theater und Kino und eine riesige Sporthalle!«
Die Zuhörer sind gebührend beeindruckt, nur ein Genosse meldet sich zu Wort.
»Entschuldigen Sie, Genosse Redner, auch ich war in Iwanowo, und zwar erst vor einer Woche. Und was habe ich dort gesehen? Eine windschiefe Hütte und einen staubigen Weg.«
»Genosse!« ermahnt der Redner den Zwischenrufer: »Weniger reisen, mehr lesen!«

Ein Russe will einen Chinesen, der zu Besuch in Moskau weilt, von der Möglichkeit friedlicher Koexistenz überzeugen, denn die Chinesen glauben bekanntlich nicht daran. Der Russe führt seinen Gast in den Moskauer Zoo und zeigt ihm einen Käfig, in dem ein Wolf und ein Lämmchen friedlich nebeneinander liegen.
»Ebenso wie diese beiden Tiere gut miteinander auskommen, so können auch Völker mit verschiedenen politischen Systemen wie Kapitalismus und Kommunismus friedlich nebeneinander leben.«
Der Chinese ist tief beeindruckt.

»Wie macht ihr das nur?« wundert er sich: »Wolf und Lamm in einem Käfig?«
»Nur eine Frage der Organisation«, antwortet der Russe. »Wir stecken einfach jeden Morgen ein neues Lamm in den Käfig!«

Die Außenminister der »Großen Vier« beschließen in einer Konferenzpause, auf die Jagd zu gehen. Während sie so auf der Lauer liegen, erblicken sie alle zugleich einen kapitalen Hirsch. Alle vier schießen, alle vier treffen den Hirsch an derselben Stelle. Sie beschließen, da sie den Hisch gemeinsam erlegt haben, die Beute zu vier gleichen Teilen untereinander aufzuteilen. Die drei westlichen Außenminister wollen für den Abtransport sorgen und gehen Hilfe holen. Gromyko bleibt zurück, um die gemeinsame Beute zu bewachen.
Als die drei westlichen Außenminister nach einer Stunde zurückkommen, ist der Hirsch weg.
»Wo ist der Hisch?« fragen sie Gromyko.
»Was für ein Hirsch?«
»Aber Sie werden doch zugeben, daß wir alle vier einen Jagdausflug unternommen haben?«
»Natürlich.«
»Und Sie werden sich doch daran erinnern, daß wir alle vier auf einmal geschossen und gemeinsam einen Hirsch erlegt haben!«
»Ja.«
»Und dann haben wir beschlossen, die Beute untereinander gerecht zu verteilen!«
»Ja.«
»Wir sind weggegangen, um Hilfe zu holen!«
»Ja.«
»Und Sie sind zurückgeblieben, um den Hirsch zu bewachen!«
»Ja.«
»Wo ist dann der Hirsch?«
»Von welchem Hirsch sprechen Sie eigentlich?«

Ein junger sowjetischer Soziologe wird zum Studium des Kapitalismus ins Ausland geschickt.
Nach seiner Rückkehr wird er von einem Kollegen gefragt:
»Wo warst du überall?«
»Ich war in Paris, London, New York, Rom.«
»Was hast du dort alles gemacht?«
»Ich habe mich mit eigenen Augen vom Absterben des Kapitalismus überzeugt.«

»Ja? Und?«
»Ein *schöner* Tod!«

Auf einer Inspektionsreise durch Sibirien kommt Chruschtschow in eine entlegene Kolchose. Die Bauern versammeln sich und klagen ihm ihr Leid:
»Nikita Sergejewitsch«, sagen sie, »wir haben zuwenig Traktoren, außerdem hat man uns kein Saatgut zugeteilt, und unsere Kühe geben keine Milch. Sieh dir unsere Kinder an, wie erbärmlich sie aussehen!«
Daraufhin wendet sich Chruschtschow an seinen Adjutanten und verlangt Fotos von seiner Afrikareise; sie zeigen Gruppenaufnahmen eines Pygmäenstamms. Er zeigt den Bauern die Fotos und sagt:
»Ich sehe ein, Genossen, daß es euch nicht sehr gut geht. Aber seht euch nur einmal an, wie schlecht es den Genossen in Afrika geht. Sie müssen in Schilfhütten hausen und sind, wie ihr seht, klein und unterernährt.«
»Eine Frage, Nikita Sergejewitsch«, wirft ein alter Bauer ein. »Wie lange leben diese afrikanischen Genossen schon unter dem Sozialismus?«

Chruschtschow kehrt von einem Amerikabesuch zurück. Mikojan erwartet ihn am Flugplatz. Chruschtschow zeigt sich bedrückt.
»Was hast du?« fragt Mikojan. »Was ist passiert?«
»Etwas Schreckliches. Beim Abschiedsbankett hat Kennedy mit einem Arzt angegeben, den sie angeblich dort haben. Der kann, sagt Kennedy, mit einer einzigen Injektion Tote lebendig machen. Natürlich hat mich die Wut gepackt, und so hab' ich ihm erzählt, wir haben einen Sportler, der in der Stunde hundert Kilometer läuft!«
»Na und?«
»In vierzehn Tagen kommt Kennedy zum Gegenbesuch! Wenn er mich dann nach dem Sportler fragt, der angeblich hundert Kilometer pro Stunde läuft – wo soll ich den hernehmen?«
»Mach dir keine Sorgen«, sagt Mikojan. »Wenn Kennedy kommt, soll er seinen Arzt mitbringen. Den führst du dann zur Kremlmauer und läßt das zweite Grab von links öffnen. Bleibt Stalin nach der Injektion weiter tot, dann ist alles gut. Wird er aber lebendig, dann bist du der Mann, der hundert Kilometer pro Stunde rennt!«

Eine Moskauer Familie bekommt Besuch aus der Provinz. Zu Hause ist nur der kleine Pawel. Der Onkel fragt:
»Wo ist denn der Papa?«
»Der macht gerade eine Erdumkreisung. Er ist aber bestimmt in einer halben Stunde zurück.«
»Und wo ist dein älterer Bruder?«
»Der hat einen Sprung auf den Mond gemacht. Er kommt aber auch bald zurück. Vielleicht in zwei Stunden.«
»Und die Mama?«
»Die kommt nicht so schnell zurück. Sie hat sich um Schuhe angestellt.«

Besuch Kennedys in Moskau. Zu seinen Ehren findet ein Autorennen rund um den Roten Platz statt. Einzige Teilnehmer: Kennedy und Chruschtschow.
Chruschtschow gibt sein Bestes, mit einer SIS-Limousine das Rennen zu machen, aber Kennedy überholt ihn mit seinem Thunderbird.
Am nächsten Tag steht in der *Prawda:*
»Genosse Chruschtschow hat in grandiosem Finish den ehrenvollen zweiten Platz belegt. Präsident Kennedy wurde Vorletzter.«

Vollversammlung der UNO. Chruschtschow ist anwesend.
Vor ihm sitzen Gomulka (Polen), Kadar (Ungarn) und Novotny (Tschechoslowakei).
Der pakistanische Delegierte spricht. Chruschtschow gähnt. Um sich zu zerstreuen, sticht er Gomulka mit einer Sicherheitsnadel in den Hintern.
Gomulka dreht sich wütend um und faucht ihn an.
Chruschtschow sticht Kadar.
Kadar dreht sich um und zischt:
»Was fällt dir ein? Müssen alle sehen, daß ich dein Vasall bin?«
Chruschtschow hört auf.
Unruhig rutscht Novotny auf seinem Sessel hin und her. Endlich hält er es nicht mehr aus und dreht sich um:
»Warum stichst du mich nicht, Genosse Chruschtschow? Bist du böse auf mich?«

Der Weltraumfahrer Nikolajewitsch ist glücklich gelandet. Chruschtschow empfängt ihn. Nach dem Festbankett nimmt Chruschtschow den Weltraumfahrer beiseite und fragt:

»Sag, Genosse Nikolajewitsch, du warst doch so hoch oben im Himmel. Hast du dort Gott gesehen?«
»Ja.«
»Hab' ich mir doch gedacht. Aber sag keinem Menschen etwas davon, sonst hast du nichts zu lachen!«
Nikolajewitsch verspricht Stillschweigen und wird auf einen Triumphzug um die Welt geschickt. Unter anderem besucht er auch Rom und wird vom Papst in Audienz empfangen.
»Sagen Sie, Herr Nikolajewitsch«, fragt ihn der Papst vertraulich. »Sie waren doch so hoch oben im Himmel. Haben Sie Gott gesehen?«
»Nein.«
»Hab' ich mir doch gedacht. Aber sagen Sie es bitte keinem Menschen!«

Der erste sowjetische Weltraumfahrer, der die Venus erreicht hat, kehrt wohlbehalten zur Erde zurück.
Chruschtschow fragt ihn:
»Welchen Eindruck hattest du, Genosse: ist ein Leben auf der Venus möglich?«
»Nein, dort auch nicht.«

Chruschtschow hat die Absicht, den im Westen erhobenen Vorwurf des Antisemitismus in der Sowjetunion zu widerlegen und läßt die Ältesten der jüdischen Kultusgemeinde zu sich kommen.
»Genossen Juden«, sagt er, »schreibt euren Glaubensgenossen in Amerika, daß hier alles zum besten steht. Ihr könnt tun und lassen, was ihr wollt. Ihr könnt euren Gottesdienst ausüben, wie ihr wollt. Ihr könnt sagen und schreiben, was ihr wollt. Ihr könnt reisen, wohin ihr wollt. Haben wir uns verstanden?«
»Jawohl«, sagen die Ältesten der Kultusgemeinde.
Sie schreiben an die New Yorker Kultusgemeinde einen Brief, in dem genau das steht, was Chruschtschow verlangt hat. Es ist nur eine Nachschrift angefügt, in der es heißt:
»Wir haben zwar hier alles, was wir brauchen, aber wenn ihr uns zur Aufbesserung ein paar Kerzen und ein bißchen Zucker schicken wolltet, wären wir euch sehr dankbar.«
Der Brief wird Chruschtschow zur Begutachtung vorgelegt, und es entspinnt sich folgende Diskussion.
Chruschtschow:
»Was soll diese Nachschrift bedeuten?«

Der Älteste des Moskauer Judenrats:
»Genosse Chruschtschow, wenn wir den amerikanischen Glaubensgenossen schreiben, es geht uns gut, und wir brauchen nichts, dann werden sie uns doch nicht glauben. Aber dieser kleine Nachsatz wird unseren Brief glaubwürdiger machen.«
»Charascho«, sagt Genosse Chruschtschow und entläßt die Ältesten des Judenrats in vollstem Wohlwollen.
Der Brief kommt in New York an. Der Ältestenrat tritt zusammen, um ihn zu studieren. Alles ist vollkommen verständlich, nur der Nachsatz bedarf einer Klärung. Rabbi Leib Herschkowitz läßt sich vernehmen:
»In einer so wichtigen Botschaft wird man doch nicht wegen ein paar Kerzen und ein bißchen Zucker eine separate Nachschrift anbringen! Der Satz muß eine tiefere Bedeutung haben. Was wollen uns die aus Moskau damit sagen?«
Die Sitzung des Ältestenrats, der mit der Klärung dieser Frage beauftragt ist, dauert einen Tag, zwei Tage, drei Tage.
Als der dritte Tag zu Ende geht und der Abend kommen will, erhebt sich im Hintergrund der greise Rabbi Awrom Jakowlewitsch Rubinstein und spricht:
»Was bedeuten Kerzen? Kerzen bedeuten Licht. Was bedeutet Zucker? Zucker bedeutet Süßes. Brauchen unsere Brüder in Moskau Zucker? Brauchen unsere Brüder in Moskau Kerzen? Was soll ihre Nachricht also bedeuten? Ihre Nachricht bedeutet: Wir leben in Bitterkeit und Finsternis.«

Polen

Sesam öffne dich – ich möchte hinaus!

Aus einer Reihe von Nullen macht man leicht eine Kette.

Es gab Zeiten, da man die Sklaven legal kaufen mußte.

Analphabeten müssen diktieren.

So mancher Bumerang kommt nicht zurück. Er wählt die Freiheit.

Schade, daß man ins Paradies mit einem Leichenwagen fährt.

Freiheit kann man nicht simulieren.

In der Hölle ist der Teufel eine positive Gestalt.

Ich hatte immer Angst vor ungeladenen Gewehren. Man schlug mit ihnen die Schädel ein.

Schont die Sockel, wenn ihr die Denkmäler stürzt. Sie können noch gebraucht werden.

Hat ein Kannibale das Recht, im Namen dessen zu sprechen, den er gefressen hat?

Marionetten lassen sich sehr leicht in Gehängte verwandeln. Die Stricke sind schon da.

Wende dich stets an fremde Götter. Sie hören dich außer der Reihe an.

Kanntest du vor Jahren eine Hyäne und begegnetest du ihr nach Jahren in der Gestalt eines Eichhörnchens wieder, dann möge dich das nachdenklich stimmen.

Wenn ich im Jenseits meine Mörder wiedersehen soll, dann will ich schon lieber in dieser Welt mit ihnen leben.

Wunden vernarben, aber die Narben wachsen zusammen mit uns.

»Wir werden ihm nur ein bißchen mit dem Finger drohen«, sagte er und legte diesen an den Abzug.

Stanislaw Jerzy Lec: Unfrisierte Gedanken

Eine alte polnische Bäuerin hat im Rathaus zu tun und bleibt andächtig vor einem überdimensionalen Stalinbild stehen.
»Ein großer Mann war unser Marschall Pilsudski!« sagt sie. »Warum habt ihr ihm aber einen so kleinen Schnurrbart aufgemalt? Sein Schnurrbart war doch viel buschiger?«
»Aber das ist doch nicht Pilsudski!« klärt der Gemeindediener auf. »Das ist Marschall Stalin!«

»Wer ist das, Stalin? Was hat er denn gemacht, daß man sein Bild im Rathaus aufhängt?«
»Das weiß ich auch nicht so genau. Aber er hat die Deutschen aus Polen verjagt.«
»Also doch ein großer Mann! Er soll gesegnet sein samt seinem Schnurrbart, obwohl der kleiner ist als der von Pilsudski. Vielleicht wird er mit Hilfe der Muttergottes auch die Russen aus Polen verjagen!«

Ostermesse im Dom zu Krakau. Der Dom ist zum Bersten voll. Der Bischof erteilt den Segen. Alles kniet. Nur einer bleibt stehen.
Die Nachbarn stoßen ihn und ziehen ihn am Rock.
»Warum kniest du nicht nieder?«
»Ich bin ein Jud.«
»Warum kommst du dann in die Kirche?«
»Ich bin auch dagegen.«

Nach einer Informationsreise durch den Westen wird ein polnischer Wirtschaftsfunktionär von einem Freund nach seinen Eindrücken befragt.
»Komisch«, sagt er, »bei denen im Kapitalismus herrscht Disziplin in den Fabriken. Die planen auf Jahre hinaus. Jeder einzelne Arbeitsvorgang wird minutiös eingehalten. Auf den Märkten aber herrscht Chaos. Einer unterbietet den anderen. Wenn sie Ausverkäufe veranstalten, stürmen die Leute die Kaufhäuser. Bei uns ist alles umgekehrt: Chaos in den Fabriken und Disziplin auf dem Markt.«

Ein Bauer kommt zum Arzt und beklagt sich:
»Herr Doktor, ich habe fürchterliche Schmerzen im Stern!«
»Wo haben Sie Schmerzen?«
»Hier, im Stern!« Der Bauer zeigt auf seinen Rücken.
»Das heißt doch nicht Stern, sondern Kreuz!«
»Entschuldigen Sie, Herr Doktor, ich habe nicht gewußt, daß Sie katholisch sind!«

Riesengeschrei im Garten. Die Mutter stürzt hinaus.
»Was treibt ihr denn?« ruft sie den beiden Buben zu.
»Wir spielen polnisch-russische Freundschaft!«
»Wie macht ihr denn das?«
»Ganz einfach: er schiebt mich mit der Rodel hinauf, und ich fahre hinunter!«

Was gilt in Polen als perverse Liebe?

1. Päderastie
2. Sodomie
3. Die Liebe zur Sowjetunion.

»Mich freut das Leben nicht mehr«, sagt ein Pole, »ich will mich umbringen. Aber wie? Revolver hab' ich keinen, ein Strick um den Hals tut zu weh, das Gas stinkt, und das Wasser ist mir zu kalt. Wie soll ich mich umbringen?«
»Ganz einfach«, antwortet ihm ein Freund. »Spring in den Abgrund zwischen Regierung und Volk.«

Ein Warschauer Student wird in der ideologischen Prüfung befragt: »In welchem Entwicklungsstadium befinden sich die Vereinigten Staaten von Amerika?«
»Die Vereinigten Staaten von Amerika befinden sich am Rande des Abgrunds.«
»Sehr gut. Und in welchem Entwicklungsstadium befindet sich die Sowjetunion?«
»Der Sowjetunion wird es in kürzester Zeit gelingen, die Vereinigten Staaten zu erreichen und sie zu überholen.«

Tadeusz Nowakowski, ein alter polnischer Bauer, kommt nach langen Jahren wieder einmal nach Warschau, um einen Freund zu besuchen. Da er sich nicht auskennt, fragt er einen Polizisten:
»Bitte, Herr Inspektor«, sagt er, »wie komme ich da zum Pilsudski-Platz?«
»Pilsudski-Platz gibt es keinen mehr!« antwortet der Polizist barsch. »Der heißt jetzt Stalin-Platz.«
»Aha. Das habe ich nicht gewußt. Aber können Sie mir sagen, wie ich zur Sapiehastraße komme?«
»Gibt's nicht mehr. Die heißt jetzt Molotowstraße.«
Der Bauer bedankt sich und geht weiter. Da er jetzt erst recht nicht weiß, wohin er gehen soll, bleibt er auf der Weichselbrücke stehen und schaut traurig ins Wasser.
Der Polizist, dem er verdächtig vorkommt, ist ihm nachgegangen und stellt ihn nun zur Rede:
»He, Sie! Was machen Sie da?«
»Ich schaue mir die Wolga an.«

In einer Kneipe in Warschau sitzen ein paar Arbeiter zusammen. Einer von ihnen schreit:
»Lieber möchte ich in Moskau vierundzwanzig Stunden umsonst arbeiten, als in New York auch nur eine einzige Stunde für hohen Lohn!«
»Bravo!« ruft ein Sowjetoffizier vom Nebentisch. »Du bist ein guter Genosse. Ich bin stolz auf dich! Was bist du von Beruf?«
»Totengräber, Genosse Oberst.«

Nach der ungarischen Revolution 1956 erzählte man sich in Warschau:
»Die Ungarn haben sich benommen wie die Polen, die Polen wie die Tschechen, und die Tschechen wie die Schweine.«

Alle Warschauer weinen über den im stalinistischen Monumentalkitsch erbauten Kulturpalast.
Ein Fremder erkundigt sich:
»Von wo aus hat man den schönsten Blick auf Warschau?«
»Vom Dach des Kulturpalastes.«
»Wieso?«
»Es ist der einzige Punkt, von dem aus man den Kulturpalast nicht sehen kann.«

Zwei Polen.
Der eine:
»Wie geht es Ihnen?«
Der andere:
»Ausgezeichnet. Viel besser als morgen.«

Ein Russe, ein Amerikaner und ein Pole kommen in den Himmel. Mit einem Notizblock in der Hand erscheint Petrus und fragt jeden nach seinem letzten Wunsch. Der Russe blickt haßerfüllt auf den Amerikaner und sagt:
»Ich möchte, daß eine Superbombe ganz Amerika in die Luft sprengt!«
Petrus wundert sich, notiert aber den Wunsch. Dann fragt er den Amerikaner.
Der Amerikaner erwidert den bösen Blick des Russen.
»Und ich möchte, daß eine Superbombe die ganze Sowjetunion in die Luft sprengt!«
Petrus notiert. Dann wendet er sich an den Polen.
»Ich möchte bitte eine Tasse Kaffee.«

»Was? Nur eine Tasse Kaffee? Sie können sich wünschen, was Sie wollen!«
»Ich möchte wirklich nichts anderes als eine Tasse Kaffee, nachdem Sie die beiden anderen Herren bedient haben.«

Der junge Grün in Krakau, von der marxistisch-leninistischen Schulung verwirrt, kommt zum Rabbi Horowitz und fragt:
»Zwei Dachdecker fallen durch den Kamin in mein Zimmer. Einer ist schmutzig. Einer ist sauber. Wer von den zweien wird sich waschen? Ich denke: der Schmutzige wird sich waschen.«
»Nein, mein Sohn, da irrst du. Der Schmutzige wird den Sauberen anschauen und denken, er ist selbst sauber. Der Saubere dagegen wird den Schmutzigen anschauen, wird sich denken, er ist selbst schmutzig, und wird sich waschen.«
»Wieso?« fragt der junge Grün.
»Oder«, sagt der Rabbi, »es kann sein, daß der Schmutzige sich waschen geht, weil er von Natur ein reinlicher Mensch ist; und der Saubere ist von Natur kein reinlicher Mensch und geht sich nicht waschen.«
»Ach so!« sagt der junge Grün.
»Oder«, sagt der Rabbi, »beide gehen sich waschen.«
»Wieso?« fragt der junge Grün.
»Weil sie beide reinliche Menschen sind. Oder«, sagt der Rabbi, »keiner geht sich waschen.«
»Wieso?« fragt der junge Grün.
»Der Saubere muß sich nicht waschen, weil er sauber ist, und der Schmutzige geht sich nicht waschen, weil er sich nie waschen geht.«
»Da kenn' ich mich aber nicht mehr aus!« sagt der junge Grün.
»Wieso?« fragt der Rabbi. »Das ist Dialektik!«

Antek trifft Frantek. Frantek schimpft über die Volksdemokratie. Tröstet ihn Antek:
»Du beklagst dich zu Unrecht – das Leben ist besser, als es früher war. Überleg doch einmal: Früher hast du Möbel gekauft, und wer bekam das Geld? – Die Kapitalisten! Früher hast du Kleider gekauft, und wer bekam das Geld? – Die Kapitalisten! Und heute? Du verkaufst deine Möbel, deine Kleider – und wer bekommt das Geld? Du, ganz allein du!«

Brief eines alten Slowaken:
»Lieber Gott. Schick mir bitte tausend Kronen, die ich dringend benötige. Da Du allmächtig bist, wird Dir das nicht schwerfallen, und mir wäre damit sehr geholfen. Mit vorzüglicher Hochachtung: Karel Wratislav.«
Der Brief, der an den lieben Gott gerichtet ist, wird an die Zensur weitergeleitet und gelangt auf diesem Weg zum örtlichen Parteikomitee. Dort kennt man den Bauern Karel Wratislav als alten Sonderling, und um ihn endlich aufzuklären und ihm gleichzeitig eine eher propagandistisch gemeinte Unterstützung zu gewähren, schickt man ihm fünfhundert Kronen. Der alte slowakische Bauer setzt sich darauf an den Tisch und schreibt einen zweiten Brief: »Lieber Gott! Vielen herzlichen Dank für die erste Sendung. Wenn Du aber wieder Geld schickst, dann schick es mir bitte nicht mehr über das Parteikomitee. Diese Gauner haben mir die Hälfte gestohlen. Karel Wratislav.«

Vor einem Prager Hotel steht ein Rolls-Royce. Eine Menschenmenge sammelt sich an und bestaunt ihn.
»Allerhand«, sagt ein Prager, »was die Russen jetzt für Wagen bauen! Einfach großartig!«
»Was heißt: die Russen?« fährt ihn ein anderer Zuschauer an. »Sehen Sie nicht, daß das ein englischer Wagen ist? Rolls-Royce. Kennen Sie die Marke nicht?«
»Die Marke kenne ich schon, aber Sie kenne ich nicht.«

Brno Posprdalek will zu seiner Tante nach Wien. Er reicht einen Paß ein. Bekommt ihn nicht. Woche um Woche geht er aufs Paßamt. Jedesmal kehrt er unverrichteterdinge nach Hause zurück.
Schließlich wird es dem Beamten zu dumm, Posprdaleks Gesicht jede Woche zu sehn.
»Es hat keinen Sinn, daß Sie jede Woche herkommen«, sagt er. »Sie müssen ein bißchen warten.«
»Wie lange soll ich warten, zum Teufel?«
»Zwei, drei Jahre. Vielleicht auch vier.«
»Und dann soll ich wiederkommen?«
»Ja.«
»Wann, bitte? Vormittag oder Nachmittag?«

Ein amerikanischer Bankfachmann ist zu Besuch in Prag. Der Direktor der Nationalbank führt ihn stolz durch sein Institut. Zu seiner Verblüffung sieht der Amerikaner, daß im Tresorraum riesige Goldbarren frei herumliegen.
»Bei uns wäre so etwas nicht möglich!« sagt er. »Bei uns sind die staatlichen Goldreserven unter Verschluß und strengstens bewacht!«
»Da sieht man, daß die USA ein kapitalistisches Land sind«, sagt der Direktor der tschechischen Nationalbank. »Unser Kapital ist der Mensch und seine Arbeitskraft. Folglich halten wir den Menschen unter Verschluß und strengster Bewachung!«

Unter unsäglichen Mühen ist es Neumann gelungen, ein Ausreisevisum aus Prag zu bekommen, und zwar unter Vorspiegelung der Tatsache, daß er nach Israel auswandern will. Er fährt aber nicht nach Israel, sondern nach London, wo er einen Onkel hat.
Freilich geht es dem Onkel in London auch nicht allzugut, und so muß Neumann sich in London mühsam als Vertreter durchschlagen.
Eines Tages – er ist gerade unterwegs in einer vornehmen Gegend – sieht er vor einer herrlichen Villa einen Rolls-Royce halten. Dem Wagen entsteigt ein Herr, der Neumann bekannt vorkommt. Er rätselt hin und her – plötzlich fällt ihm ein: das ist ja Altmann aus Prag! Er stürzt auf ihn zu. Kurzer Wortwechsel. Die beiden erkennen einander.
»Sind Sie nicht Altmann aus Prag?«
»Allerdings. Warum?«

»Ich bin Neumann! Wir sind doch miteinander in die Schule gegangen! Wie geht es Ihnen?«
»Mein Gott . . . wie soll es einem schon gehen?«
»Wohnen Sie in dieser Villa?«
»Ja.«
»Gehört sie Ihnen?«
»Ja.«
»Und der Rolls-Royce?«
»Auch.«
»Und da wollen Sie mir erzählen, es geht Ihnen schlecht?«
»Wie kann es einem Engländer gut gehen, seitdem wir Indien verloren haben?«

Pilsen. Im Warteraum des Direktors der Brauerei.
Ein Neuer: »Muß man hier lange warten?«
Ein anderer: »Das weiß ich nicht, ich bin selbst neu hier. Ich warte erst zwei Monate.«

Ein wichtiger russischer Gast hält in Prag einen Vortrag über den Fortschritt in der Sowjetunion.
»Der Sputnik und der Lunik waren nur Vorboten der Eroberung des Weltraums, den unsere ruhmreiche Wissenschaft in Angriff genommen hat. Schon sind die ersten Sowjetmenschen in den Weltraum geflogen, und bald wird es so weit sein, daß jeder von uns, die wir hier versammelt sind, mit einer Reiserakete dem Mond, der Venus oder dem Mars einen Besuch abstatten kann!«
Anschließend findet eine Diskussion statt, und Genosse Blaha meldet sich zu Wort.
»Es ist wirklich wunderbar, was der Genosse Vortragende uns da über die Reisemöglichkeiten zu Mond, Mars und Venus berichtet hat. Ich möchte allerdings sagen, daß ich gar nicht so weit fliegen möchte. Ich möchte nur einmal Wien besuchen. Wann wird das möglich sein?«
»Eins nach dem andern, Genosse!«

Staatspräsident Novotny läßt seinen Ernährungsminister zu sich kommen und fragt ihn:
»Wieviel Mehl haben wir noch?«
»Für etwa vierzehn Monate, Genosse Präsident!«
»Und Fleisch?«
»Für etwa acht Monate.«
»Und wieviel Butter haben wir noch?«

»Für zehn Monate.«
»Und Kartoffeln?«
»Dreizehn Monate!«
»Gut. Und haben Sie dabei auch die Slowakei berücksichtigt?«
»Was heißt Slowakei? Genosse Präsident haben ›wir‹ gesagt. Unter ›wir‹ verstehe ich uns beide!«

Prag. Fünf Uhr früh. Es läutet.
Zavrdalek öffnet.
Draußen stehen zwei Staatspolizisten.
»Sind Sie Antonin Zavrdalek?«
»Jawohl, meine Herren. Was wünschen Sie?«
»Kennen Sie einen gewissen Vitezslav Bohatec?«
»Ich glaube kaum . . .«
»Und Bogumil Nehradola?«
»Dann lieber Vitezslav Bohatec!«

Eine Delegation ausländischer Journalisten ist bei Präsident Zapotocky in Prag. Zapotocky erzählt den Journalisten von der grenzenlosen Begeisterung, mit der die Bevölkerung sich in den Aufbau der sozialistischen Heimat gestürzt hat.
Einige Journalisten lächeln skeptisch.
»Ich werde Ihnen beweisen«, sagt Zapotocky, »daß jeder einzelne von uns nicht nur bereit ist, alle seine Kräfte für den Aufbau des Sozialismus einzusetzen, sondern sogar sein Leben!«
Wieder lächeln die Journalisten skeptisch.
Zapotocky geht zur Tür und ruft einen Uniformierten herein.
»Genosse Woprschalek«, sagt er. »Wir müssen diesen ausländischen Beobachtern beweisen, daß jeder von uns bereit ist, sein Leben für die Zukunft des Sozialismus einzusetzen. Machen Sie sich keine Gedanken. Für Ihre Familie wird gesorgt. Springen Sie aus dem Fenster!«
Genosse Woprschalek grüßt, macht kehrt, geht zum Fenster und springt hinaus.
Wieder lächeln die Journalisten skeptisch.
»Das ist keine Kunst«, sagen sie, »das war ja einer Ihrer engsten Mitarbeiter, ein Mitglied der Partei. Der kann doch nicht als repräsentativ für den Durchschnitt des Volkes angesehen werden!«
Wütend stürzt Zapotocky zum Fenster und ruft vom fünften Stock des Regierungsgebäudes einen Mann, der gerade über den Wenzelsplatz geht.

»He, Sie! Kommen Sie herauf!«
Der Mann kommt herauf.
»Wie heißen Sie?«
»Jan Nepomuk Drda.«
»Sind Sie Parteimitglied?«
»Nein.«
»Sehr gut. Sie sind also ein durchschnittlicher Arbeiter?«
»Jawohl.«
»Sehr gut. Hören Sie zu, Genosse Drda: Wir müssen diesen ausländischen Beobachtern beweisen, daß jeder von uns bereit ist, sein Leben für die Zukunft des Sozialismus einzusetzen. Machen Sie sich keine Gedanken. Für Ihre Familie wird gesorgt. Springen Sie aus dem Fenster!«
Ohne zu überlegen zieht Jan Nepomuk die Jacke aus und stürzt zum Fenster. Im letzten Augenblick erwischt ihn ein Journalist am Ärmel.
»Sind Sie wahnsinnig?« fragt er entsetzt.
»Bei *dem* Leben?«

In Bratislava tritt ein Hypnotiseur auf. Er läßt einen Mann aus dem Publikum zu sich aufs Podium kommen und versetzt ihn in Trance. Dann sagt er zu ihm:
»Sie befinden sich in Afrika, mitten in der Wüste Sahara. Die Sonne brennt erbarmungslos. Keine Oase in Sicht, kein Tropfen Wasser. Sie sind am Verdursten.«
Das Medium streckt die Zunge heraus und japst.
Der Hypnotiseur schnippt mit den Fingern und beendet damit die Qualen des Opfers.
Der nächste Mann steigt aufs Podium. Der Magier versetzt ihn in Trance und sagt:
»Sie sind am Nordpol. Ihr Proviant ist zu Ende gegangen, Sie haben sogar schon Ihre Schlittenhunde verzehrt, Sie haben kein Brennmaterial, nicht einmal mehr Zündhölzer. Ihre Beine sind erfroren. Sie sind rettungslos dem Erfrierungstod ausgeliefert.«
Das Medium krümmt sich, klappert mit den Zähnen.
Der Hypnotiseur schnippt mit den Fingern und beendet damit die Qualen des Opfers.
Ein dritter Mann steigt aufs Podium. Der Magier versetzt ihn in Trance und sagt:
»Sie sind in Amerika. Ihre Fabrik hat Sie hinausgeworfen. Sie liegen auf der Straße. Sie haben nichts zu essen und nichts an-

zuziehen. Sie versuchen mühsam, sich durchzubetteln, aber niemand gibt Ihnen ein Stück Brot.«
Das Medium öffnet ein Auge und sagt:
»Wenn du jetzt mit den Fingern schnippst, dann brech' ich dir alle Knochen!«

Der Genosse Novotny ist aus der Partei ausgeschlossen worden. Er ist so nervös, daß er nicht einschlafen kann. Endlich, mit Hilfe eines starken Pulvers, gelingt es ihm. Er träumt:
Der Atomkrieg hat stattgefunden. Amerika hat gesiegt. Präsident Johnson reitet auf einem Schimmel in Prag ein.
Seine erste Forderung lautet:
»Der Genosse Novotny ist *sofort* wieder in die Partei aufzunehmen!«

1961/62. Ideologischer Konflikt zwischen China und der Sowjetunion. Von den europäischen Volksdemokratien steht nur Albanien auf seiten Chinas und wird deshalb von der Sowjetunion samt ihren Satelliten boykottiert.
Alle Diplomaten des Sowjetblocks verlassen Tirana. Nur der Botschafter der Tschechoslowakischen Sozialistischen Republik bleibt zurück. Er hat den Auftrag, den Albanern das monumentale Prager Stalindenkmal zu verkaufen.

Rosenthal hat endgültig genug von der Tschechoslowakei. Er begibt sich aufs Paßamt.
»Ich will auswandern«, sagt er dort.
»Wohin?« fragt der Beamte.
»Nach Amerika.«
»Das geht nicht.«
»Dann nach England.«
»Geht auch nicht.«
»Vielleicht Frankreich? Oder auch Italien?«
»Unmöglich.«
»Nach Österreich.«
Der Beamte schüttelt nur mitleidig lächelnd den Kopf.
»Also gut, dann wenigstens nach Israel!«
»Bitte. Kommen Sie in zwei Wochen und holen Sie sich Ihren Paß.«
Zwei Wochen später erscheint Rosenthal wieder auf dem Paßamt und nimmt seinen Paß in Empfang.
Am nächsten Tag erscheint er wieder, zieht seinen Paß aus der Tasche und wirft ihn dem verdutzten Beamten auf den Tisch.

»Ich hab' mir's überlegt«, sagt er. »In ein Land, in das man auswandern *darf*, will ich nicht auswandern!«

»Wie geht's immer in Prag?« fragt ein westlicher Besucher einen tschechischen Wirtschaftsfachmann.
»Danke, man kann nicht klagen, wir erzeugen seit neuestem Keramik.«
»Na schön, und was macht ihr damit?«
»Die exportieren wir nach Polen.«
»Wunderbar. Da bekommt ihr sicher ein Menge Geld aus Polen!«
»Das nicht. Wir bekommen Eier.«
»Das ist doch gut. Eier braucht man immer.«
»Schon, aber wir exportieren die Eier nach Bulgarien.«
»Also bekommt ihr von den Bulgaren Geld.«
»Nein, von denen bekommen wir Hühner.«
»Gut!«
»Gut wären sie schon, aber wir exportieren sie nach Rumänien.«
»Und was bekommt ihr von Rumänien?«
»Schweine.«
»Noch besser!«
»Schon, aber die Schweine exportieren wir nach Ungarn.«
»Von den Ungarn werdet ihr doch sicher etwas Ordentliches bekommen?«
»Ja. Weizen. Aber den müssen wir in die DDR exportieren!«
»Aha, also bekommt ihr von den Deutschen das Geld?«
»Geld? Keine Spur: Schrauben.«
»Und was macht ihr mit den Schrauben?«
»Die exportieren wir in die Sowjetunion.«
»Also zahlen wenigstens die Russen?«
»Zahlen? Lehm schicken sie uns, damit wir Keramik erzeugen können.«

Was ist Wissenschaft?
Wenn einer mit verbundenen Augen in einem dunklen Zimmer eine schwarze Katze sucht.
Was ist Philosophie?
Wenn einer mit verbundenen Augen in einem dunklen Zimmer eine schwarze Katze sucht, die gar nicht da ist.
Was ist Dialektischer Materialismus?
Wenn einer mit verbundenen Augen in einem dunklen Zimmer

eine schwarze Katze sucht, die gar nicht da ist, und plötzlich ruft:
»Ich habe sie gefunden!«

Kohn und Blau stehen vor dem neu errichteten gigantischen Lumumba-Denkmal in Prag.
»Wie geht es Ihnen, Genosse Kohn?« fragt Blau.
»Was soll ich Ihnen sagen, Genosse Blau? Ich sage mir immer: wenn man es genau nimmt, war es unter den Gelben doch eigentlich besser.«

Ungarn

Die ungarische Räterepublik ist von Horthys Truppen geschlagen worden. Bela Kun und seine Mitarbeiter sind im letzten Augenblick nach Österreich geflohen. Wer bei den Kommunisten eine Rolle gespielt hat, versteckt sich.
Ein Kellner, der in der Revolutionszeit ein höherer Funktionär gewesen ist, geht am Donauufer spazieren. Ein auf der Flucht befindlicher Genosse begegnet ihm.
»Was,« flüstert er aufgeregt, »du bist noch hier? Schau, daß du verschwindest! Alles ist verloren!«
Darauf der Kellner:
»Die Idee mag sterben. Ich lebe weiter.«

Ein ungarischer Arbeiter äußert im Gespräch:
»Rakosi ist ein Idiot!«
Er wird verhaftet und vor Gericht gestellt. Das Urteil lautet:
»Drei Wochen Gefängnis wegen Ehrenbeleidigung und fünfzehn Jahre Zuchthaus wegen Verrats von Staatsgeheimnissen.«

Donaukonferenz.
Abkommen zwischen der Sowjetunion und Ungarn:
Die Russen dürfen die Donau der Länge nach befahren, die Ungarn der Breite nach.

Unter dem Regime Rakosi werden alle Leute, die keiner lebenswichtigen Beschäftigung nachgehen, aus Budapest ausgewiesen.
Von dieser Maßnahme werden hauptsächlich alte Leute betroffen.
Eines Tages meldet sich bei Rakosi sein greiser einstiger Lehrer.
»Was führt Sie zu mir?« sagt der Ministerpräsident freundlich.
»Wenn es wegen der Ausweisung ist, das werden wir schon in Ordnung bringen.«

»Nein, darum handelt es sich gar nicht. Ich bin schon alt und habe ohnehin nicht mehr lange zu leben. Ich habe nur eine Bitte: Sagen Sie niemandem, daß ich Ihr Lehrer war!«

Budapest. In der Schule.

Alle Kinder werden vom Lehrer nach dem Beruf ihrer Eltern gefragt. Als der kleine Ferenc an die Reihe kommt, sagt er:

»Mein Vater ist Portier in einem Bordell.«

Der Lehrer ist entsetzt und schickt dem Vater des kleinen Ferenc eine Vorladung.

Am nächsten Tag erscheint, die Vorladung in der Hand, ein AVO-Major.

Der Lehrer stammelt entsetzt:

»Das versteh' ich nicht, Genosse Major! Ihr Sohn hat in der Klasse gesagt, sein Vater sei Portier in einem Bordell!«

»Ach, das sagt er immer. Er schämt sich.«

Das Zentralkomitee der KP Ungarns hat folgendes Arbeits- und Vorlesungsprogramm für die Staatliche Kunstakademie in Budapest ausgearbeitet:

Montag: Studium der Resolution des ZK der KPdSU (Bolschewiki) über Kunst und Literatur.

Dienstag: Kosmopolitismus in der Bildenden Kunst.

Mittwoch: Klassische Kunst und die Rolle der weisen Führung bei der Schöpfung der antiken Kunst.

Donnerstag: Die große russische Gegenwarts-Weltkunst.

Freitag: Arbeitseinsatz beim Bau der Sowjetischen Galerie der Künste.

Samstag: Führung durch die provisorische Sowjetische Kunsthalle in Budapest.

Sonntag: Besuch der Ungarischen Nationalgalerie. (Geschlossen!)

In der Redaktion des Parteiblatts.

»Haben Sie den Staatspräsidenten Dobi interviewt?« fragt der Chefredakteur einen Reporter.

»Jawohl.«

»Was hat er gesagt?«

»Nichts.«

»Ausgezeichnet. Diktieren Sie es gleich der Sekretärin. Aber nicht mehr als drei Spalten.«

Grün will aus Ungarn fliehen. Der Kommissar, dem er vorgeführt wird, erweist sich als ein Bekannter.
»Aber Grün! Ich kenn' dich doch als alten Kommunisten! Was ist dir nur eigentlich eingefallen, aus unserer Heimat zu fliehen?«
»Ich habe meine Gründe.«
»Was für Gründe?«
»Erstens: Das System wird sich nicht halten.«
»Lächerlich! Die Partei ist stärker denn je. Nichts kann sie besiegen! Sie fürchtet keine Schläge, weder von außen noch von innen. Sie ist unüberwindlich.«
»Das ist der zweite Grund.«

Ein Propagandist kommt zu Arpad und fordert ihn auf, Friedensanleihe zu zeichnen. Arpad lehnt ab.
»Genosse Arpad, wissen Sie, wofür diese Anleihe bestimmt ist?«
»Natürlich, Genosse. Mit dem Geld, das ich vor drei Jahren bezahlt habe, hat man ein Sägewerk in Stalinvaros gebaut.«
»Na, sehen Sie, Genosse Arpad.«
»Und von der Anleihe, die wir vor zwei Jahren gezeichnet haben, hat man das neue Elektrizitätswerk in Györ gebaut.«
»Bravo! Richtig!«
»Und im letzten Jahr hat man von dem Geld ein Hochofenkombinat gebaut.«
»Ausgezeichnet! Und wenn Sie schon so gut auf dem laufenden sind, warum wollen Sie diesmal nicht zeichnen?«
»Schau'n Sie, Genosse. Ein Sägewerk, ein Elektrizitätswerk und ein Hochofenkombinat hab' ich schon. Deshalb möchte ich mein Geld dieses Jahr gern in einen Überzieher investieren.«

Oktober 1956. Budapest. In den Straßen hallen Schüsse. An der Tür von Frau Vörös im dritten Stock klopft es plötzlich.
Frau Vörös fährt zusammen und hält den Atem an.
Es klopft wieder. Schließlich öffnet sie zaghaft.
Draußen stehen drei Hauptschüler mit Maschinenpistolen. Frau Vörös trifft beinahe der Schlag.
Einer der Buben tritt vor und sagt, nachdem er höflich gegrüßt hat:
»Haben Sie keine Angst, gnädige Frau. Wir möchten nur gerne das Feuer von einem Ihrer Fenster aus eröffnen. Wir werden auch ganz brav sein. Wenn wir uns die Schuhe abputzen, dürfen wir dann hereinkommen?«

1956. Der Ungarnaufstand ist zusammengebrochen, aber Gold steht noch immer an der ungarisch-österreichischen Grenze und wartet.
Silberstein hastet vorbei.
»Komm mit!« ruft er Gold zu. »Worauf wartest du?«
»Ich warte auf die Amerikaner«, erwidert Gold.
»Ich versteh' dich nicht«, sagt Silberstein. »Neunzehnhundertvierundvierzig bist du an der Ostgrenze gesessen und hast auf die Russen gewartet!«
»Na und? Sind sie nicht gekommen?«

Geschichtsunterricht in einer ungarischen Schule:
»Warum lieben wir die Russen?«
»Weil sie uns befreit haben!«
»Warum hassen wir die Amerikaner?«
»Weil sie uns nicht befreit haben!«

Nach der ungarischen Revolution von 1956:
Die Kommunistische Partei besteht praktisch nicht mehr. Nur gezwungenermaßen sind ein paar tausend Leute Mitglieder geblieben. Die Kader müssen aufgefüllt werden. Daher erläßt die Partei folgende Direktive:
»Wer ein neues Parteimitglied gewinnt, ist sechs Monate lang davon befreit, an den Sitzungen und Versammlungen seiner Zelle teilzunehmen.
Wer fünf neue Mitglieder gewinnt, kann selbst aus der Partei austreten.
Wer zehn neue Mitglieder gewinnt, bekommt eine Bestätigung, daß er niemals der Partei angehört hat.«

Kadar bei einer uralten Zigeunerin, die als Wahrsagerin berühmt ist.
»Helfen Sie mir aus meinen Schwierigkeiten, Genossin. Wie löse ich das Wohnungsproblem?«
»Ganz einfach, Genosse Kadar. Öffnen Sie die Grenze nach Österreich.«
»Gut. Aber wie löse ich das Nahrungsproblem?«
»Noch einfacher. Schließen Sie die Grenze nach Rußland.«

Budapest. Genosse Földy kommt um vier Uhr früh nach Hause. Er zieht sich die Schuhe aus und schleicht auf Socken ins Schlafzimmer.

»Wo warst du?« schreit Frau Földy.
»Entschuldige vielmals«, sagt der betroffene Gatte. »Was soll ich dir erzählen? Du weißt ohnehin alles. Ich will nicht lügen. Als ich gestern um sieben Uhr nach Hause gehen wollte, ist mir eine hübsche Blondine über den Weg gelaufen – du weißt ja, daß ich eine Schwäche für Blondinen habe. So habe ich sie angesprochen, auf einen Barack eingeladen. Dann haben wir zusammen gegessen, ich habe sie auf einen Tokayer eingeladen, und dann habe ich sie nach Hause gebracht – sehr hübsche Wohnung, klein, aber hübsch –, und den Rest, Liebling, kannst du dir ohnehin vorstellen ...«
»Und das soll ich dir glauben, du Schwein? Du warst doch schon wieder auf einer deiner dreckigen Parteiversammlungen!«

Chruschtschow gilt als der größte Jäger der Sowjetunion. Angeblich hat er noch nie sein Ziel verfehlt.
In Ungarn geht er mit Kadar und Münnich auf die Entenjagd.
Eine Ente fliegt auf. Chruschtschow zielt.
Er schießt.
Die Ente fliegt weiter.
Kadar: »Ein Wunder! Die erste tote Ente, die weiterfliegt!«

Säuberung in der AVO. Der Chef tritt ein.
»Ihr Reaktionäre habt mir lange genug das Leben sauer gemacht! Ich zähle bis drei, und danach will ich keinen mehr sehen, der gegen Kadar ist! Eins, zwei, drei!«
Zehn von den zwölf Anwesenden verlassen den Raum. »Und was ist mit euch zwei Idioten? Seid ihr taub?«

Janos Kadar kommt auf einer Inspektionsreise in das ungarische Grenzgebiet nahe der Slowakei, die früher einmal ungarisch war, jedoch schon nach dem Ersten Weltkrieg den Tschechen zugesprochen worden ist. In einem Dorf trifft er einen Bauern, den er von früher her kennt.
»Wie geht's dir immer, Imre?« ruft er.
»Danke, gut, Genosse Kadar.«
»Was macht dein Hof?«
»Oh, der ist jetzt ein Großbetrieb geworden, mit sieben anderen Höfen zusammen.«
»Das ist doch fein! Und was machen deine Söhne?« »Danke, der eine ist Unteroffizier an der rumänischen Grenze, und der andere studiert in Budapest an der Technischen Hochschule.«

»Das ist doch wunderbar, Imre, da freust du dich doch, was? Worüber freust du dich mehr, Imre, daß dein Hof so groß geworden ist oder daß es deine Söhne so weit gebracht haben?«
»Über alles, Genosse Kadar, über alles, aber am meisten freue ich mich darüber, daß es den tschechischen Schweinen da drüben genauso dreckig geht wie uns!«

Was ist der Unterschied zwischen dem Fliegen und dem Kommunismus?
Antwort: gar keiner. Bei beiden hat man schöne Aussichten. Bei beiden kommt einem das Kotzen. Bei beiden kann man nicht aussteigen.

Bukarest. Um vier Uhr früh läutet es im dritten Stock bei Popescu. Popescu fährt aus dem Schlaf und stürzt verwirrt zur Tür. Er wagt aber nicht zu öffnen, sondern bleibt zitternd mit angehaltenem Atem hinter der Tür stehen.
Von draußen hört er die Stimme des Hausmeisters:
»Keine Angst, Genosse Popescu! Es ist nichts Ernstes! Ich wollte Ihnen nur sagen: das Haus brennt!«

Ein Belgier verbringt seinen Urlaub in Rumänien.
Er geht spazieren, trifft einen Bauern, beginnt leutselig ein Gespräch:
»Na, wie geht es Ihnen?«
»Ausgezeichnet.«
»Glauben Sie, daß es Ihnen ebenso gut geht wie uns im Kapitalismus?«
»Hundertmal besser!«
»Woher wissen Sie das?«
»Wir haben schließlich einen Radioapparat zu Hause.«
»Ach so?«
»Natürlich! Wie sollte ich sonst wissen, was ich auf Ihre Fragen antworten soll?«

Ein rumänischer Oberst trifft einen Kameraden.
»Stell dir vor, was mir passiert ist!« beklagt er sich. »Gestern komme ich nach Hause und treffe den sowjetischen Hauptmann Kusnetzow in einer verfänglichen Situation mit meiner Frau an!«
»Was hast du gemacht?«
»Ich habe Glück gehabt! Er hat mich nicht gesehen.«

Temesvar. Die Straßenbahn ist überfüllt. Plötzlich fängt im Gedränge ein Mann laut zu schreien an und schwenkt seine leere Einkaufstasche:
»Wegen dieser Schweine müssen wir da hungern! Wegen dieser Schweine haben wir nichts anzuziehen! Wegen dieser Schweine

müssen wir in dreckigen Löchern hausen! Wegen dieser Schweine gehen wir noch alle zugrunde!«
Die Tramway hält. Zwei Mann von der Siguranza steigen ein und nehmen den Mann mit.
Im Büro wird der Mann verhört:
»Wen haben Sie mit diesen Schweinen gemeint?«
»Wen? Die verdammten Amerikaner natürlich!«
Die Siguranza-Leute sehen einander verdattert an und lassen den Mann nach kurzer Beratung laufen.
An der Tür dreht er sich noch einmal um und fragt: »Wen habt *ihr* denn gemeint?«

Der rumänische Ministerpräsident Gheorghiu Dej besucht eine neue Fabrik. Der Direktor stellt ihm einen Zigeuner vor, den Stolz der Fabrik. Dieser frühere Nomade hat es zum Stachanowisten gebracht. Gheorghiu Dej gratuliert ihm, doch der Zigeuner weist bescheiden ab:
»Meine Verdienste sind unbedeutend, Genosse Ministerpräsident. Wir sind fünf Brüder. Ich bin Stoßarbeiter, aber mein älterer Bruder ist Parteisekretär des Gebietskomitees, ein zweiter Bruder ist Gewerkschaftsvorsitzender, und der dritte ist sogar stellvertretender Verkehrsminister.«
»Was für eine Familie! Da siehst du einmal, Genosse, was die Volksdemokratie für euch getan hat! Sag mir nur noch: Was ist aus dem fünften Bruder geworden?« »Ach, reden wir nicht von dem, Genosse Ministerpräsident. Er ist der Schandfleck der Familie.«
»Wieso?«
»Ach, der ist in Amerika. Er war nie zu etwas zu gebrauchen. Und im Augenblick, Genosse Ministerpräsident, arbeitet er überhaupt nicht.«
»Das geht doch nicht! Wir werden die nötigen Schritte unternehmen, um ihn zurückkehren zu lassen. Und du und deine Brüder, ihr werdet ihm helfen, damit er hier Fuß faßt.«
»Um Gottes willen, lieber Genosse Ministerpräsident! Nur das nicht! Wer soll dann die ganze Familie ernähren?«

In der Volksschule in Bukarest fragt der Lehrer:
»Was ist die Sowjetunion für uns? Moritz!«
Moritz:
»Die Sowjetunion ist unser Bruder.«
Lehrer:

»Sollte man nicht besser sagen: unser großer Freund?«
»Nein, die Sowjetunion ist unser Bruder.«
»Warum bestehst du darauf? Wie kommst du gerade auf ›Bruder‹?«
Moritz:
»Einen Freund kann man sich aussuchen.«

Die Zimmerfrau in Bukarest zum neuen Untermieter: »Sagen Sie mir nur immer, was Sie brauchen! Ich erkläre Ihnen dann jedesmal genau, warum Sie es nicht kriegen.«

Schulungskurs in Bukarest.
Ein besonders wißbegieriger Teilnehmer fragt:
»Könnte man, Genosse Schulungsleiter, zum Beispiel auch in der Schweiz den Sozialismus aufbauen?«
»Selbstverständlich«, antwortet der Schulungsleiter. »Aber wozu?«

Dimitrow reist in die Sowjetunion und muß in ein Sanatorium, weil er angeblich krank ist. Im Sanatorium, in dem er, von Stalins Ärzten betreut, seiner Rekonvaleszenz entgegengehen soll, stirbt er.
Zwei Mitglieder des Zentralkomitees besprechen Dimitrows Tod.
»Wie das plötzlich gekommen ist!« sagt der eine. »Vorige Woche war er noch bei mir, wir haben Kaffee getrunken und einander Witze erzählt. Und jetzt . . . schrecklich . . .«
»Ich muß dir ehrlich sagen: als ich ihn zum Flugplatz begleitet habe«, sagt der andere, »war er schon blaß.«

Ein junger Mann erscheint in einem Hotel in Sofia und verlangt ein Zimmer.
»Es tut uns sehr leid«, sagt ihm der Empfangschef, »aber wir sind vollkommen besetzt.«
»Und was ist«, fragt der junge Mann, »wenn plötzlich Chruschtschow ein Zimmer bestellt?«
»Dann werden wir natürlich ein Zimmer frei machen.«
»Dann machen Sie es frei und geben Sie es mir. Er kommt heute nicht.«

Was ist ein Kater in Sofia?
Ein Kater in Sofia ist ein kritisierter Tiger.
Und was ist ein Tiger in Sofia?
Ein Tiger in Sofia ist ein in Moskau geschulter Kater.

Was ist ein Telegrafenmast?
Ein Telegrafenmast ist ein redigierter Weihnachtsbaum.

Zwei Freunde in Sofia.
Der eine:
»Wenn das so weitergeht, werden wir bald alle betteln gehen müssen!«
Der andere:
»Bei wem?«

Wahlen in Albanien. Man drückt den Wählern ein verschlossenes Kuvert in die Hand; danach werden die Wähler angehalten, in die Wahlzelle zu gehen und das Kuvert in die Urne zu werfen. Ein Hirte beginnt auf dem Weg zur Wahlzelle das Kuvert zu öffnen. Einer der Wahlfunktionäre stürzt auf ihn zu:
»Was machst du da, du Idiot?«
»Ich will nur lesen, was da drin steht.«
»Weißt du denn nicht, daß wir geheime Wahlen haben?«

Telegramm der albanischen Regierung nach dem Abschuß des Sputnik I nach Moskau:
»Herzlichste Glückwünsche zum großen Erfolg! Im ganzen Land herrscht Freude! Albanien nicht mehr der kleinste Satellit!«

Wir Serben haben Gott sei Dank all unsere Angelegenheiten in Ordnung gebracht, so daß wir in verdienter Muße gähnen können, so lange wir wollen, dösen oder uns auf dem Diwan räkeln. Wenn uns auch das zu langweilig wird, werfen wir zum Spaß einen Blick über unsere Grenzen, um zu sehen, wie es in den anderen, unglücklichen Ländern zugeht. Man sagt – Gott bewahre uns davor! –, daß es Länder gibt, in denen die Menschen immer streiten und für irgendwelche Rechte, Freiheiten und Sicherheiten Blut vergießen. Man bekommt eine Gänsehaut, wenn man an jene Unseligen denkt, die ihre Angelegenheiten noch immer nicht in Ordnung gebracht haben, während wir sogar schon dazu gekommen sind, uns um die Zustände in China und Japan zu kümmern. Jeden Tag entfernen wir uns weiter von unserem Land, und wenn es so weitergeht, werden die Journalisten ihre Berichte bald vom Mars, vom Merkur oder wenigstens vom Mond schicken.
Radoje Domanović. 1898

Die Wahrheit ist all das, wovon der Mensch das Gefühl hat, es auszusprechen sei nicht opportun, denn die ausgesprochene Wahrheit stimmt mit den augenblicklichen Interessen des Sprechers nie überein. Wenn der Mensch das Bedürfnis hat, etwas auszusprechen, was er in seinem eigenen Interesse besser verschweigt, dann ist das die Wahrheit. Bringt es überhaupt Nutzen, die Wahrheit auszusprechen? Nein, denn sie ist nach den jeweils geltenden Gesetzen immer verdächtig und ist tatsächlich seit Jahrhunderten steckbrieflich verfolgt worden.
Miroslav Krleža. 1938

Ein führender Kommunist kommt nach seinem Tod in die Hölle und sieht dort zwei Eingänge. Der eine trägt die Aufschrift: »Kapitalistische Hölle«, der andere :»Kommunistische Hölle«. Der führende Kommunist überlegt: War ich schon mein ganzes Leben nur mit Kommunisten zusammen, so will ich wenigstens jetzt andere Gesellschaft haben. Er geht also auf den Eingang zur kapitalistischen Hölle zu. An der Tür begegnet ihm ein Bekannter, der anscheinend demselben Impuls gefolgt war, und hält ihn auf.
»Bist du wahnsinnig?« ruft er. »Geh keinesfalls in die kapitalistische Hölle! Dort wirst du sofort in Arbeit genommen. In der kommunistischen Hölle wird zwar prinzipiell genauso gefoltert, aber einmal gehen die Zangen aus, einmal der Strom und einmal die Kohle, so daß man immer wieder verschnaufen kann.«

Die Bedienung in den jugoslawischen Geschäften ist unter aller Kritik. Die Kunden werden behandelt wie lästige Bittsteller. Aussuchen gibt es nicht. Wenn man etwas verlangt, reicht einem der Verkäufer, was gerade auf Lager ist. Nimmt man die Ware – gut. Nimmt man sie nicht – auch gut. Nur mit den Ausländern wird zuweilen eine Ausnahme gemacht, weil sie Devisen ins Land bringen.
Eines Tages jedoch ergeht ein Rundschreiben an alle Geschäfte und Warenhäuser, worin die Verkäufer aufgefordert werden, auch die Inländer höflich und liebenswürdig zu bedienen. So entsteht ein allgemeiner Wettbewerb. Die Verkäufer überbieten sich an Freundlichkeit, zumal ihnen für besonders höfliches Benehmen Prämien in Aussicht gestellt werden.
In ein Belgrader Kaufhaus kommt eine Frau und verlangt Stoff für einen Frühjahrsmantel. Der Verkäufer schleppt der Reihe nach alle Stoffe herbei, die in den Stellagen liegen, aber keiner gefällt der Frau. Einmal ist ihr der Preis nicht recht, einmal die Qualität, einmal die Farbe.
Der Verkäufer, der seit Jahr und Tag gewohnt war, seine Kunden lustlos und grob abzufertigen, muß jetzt seinen Ärger hinunterschlucken und schleppt unter Aufbietung aller Willenskraft immer neue Stoffballen herbei. Aber schließlich reißt ihm die Geduld:
»Darf ich Sie höflichst ersuchen«, sagt er zu der wählerischen Kundin, »einen Augenblick meinen Platz hinter dem Ladentisch einzunehmen, damit ich mich an Ihrer Stelle zum Teufel scheren kann?«

Ein Zigeuner soll in die Kommunistische Partei aufgenommen werden. »Gut«, sagt der Sekretär, »aber dann darfst du nicht mehr auf Hochzeiten und in Kneipen herumfiedeln und Geld dafür nehmen, denn das ist eines Parteimitgliedes unwürdig!«
»Wenn es sein muß«, sagt der Zigeuner, »werde ich es aufgeben.«
»Ferner darfst du nicht mehr soviel saufen und dich mit Weibern herumtreiben. Du mußt mit deiner Frau auskommen, wenn du ein anständiges Parteimitglied sein willst!«
»Also schön«, sagt der Zigeuner traurig. »Wenn es sein muß, werde ich auch das aufgeben.«
»Und schließlich«, sagt der Sekretär, »mußt du jederzeit bereit sein, für die Partei dein Leben herzugeben!«

»Nimm es gleich!« sagt der Zigeuner. »Auf so ein Leben kann ich verzichten!«

Mit etwas Bargeld möchte ich mich an einem einträglichen gemeinsamen Geschäft beteiligen. Bedingung: daß ich dabei der Russe bin. Gefällige Offerte an die Administration des Blattes unter der Chiffre »Gemischte Gesellschaft«.

Radio Zagreb sucht einen neuen Sprecher und schreibt einen Wettbewerb aus.
Zahlreiche Kandidaten melden sich, unter ihnen ein Stotterer.
Am Abend wird der Stotterer in seinem Stammcafé gefragt:
»Na, haben sie dich genommen?«
Der Stotterer schüttelt resigniert den Kopf.
»Na so was! Warum denn nicht?«
»Ich bin nicht in der Pa-pa-pa-partei!«

In Jugoslawien kommen die meisten Arbeiter und Angestellten mit Löhnen und Gehältern nicht aus, dagegen ist die Arbeitszeit meist auf den Vormittag beschränkt (von 7 bis 14 Uhr). Sie helfen sich, indem sie in ihrer Freizeit gegen Extrahonorar anderswo Arbeit übernehmen.
Ein Neuankömmling in der Hölle erblickt zu seinem Erstaunen unter den Teufeln, die die armen Seelen fleißig martern und zwicken, einen Engel, der das Feuer schürt, Kohle zuträgt und sich sonst nützlich macht.
»Wie kommt denn der Engel hieher?« fragt der Neuankömmling verwundert, und erhält die Auskunft:
»Das ist ein jugoslawischer Engel, der arbeitet gegen Extrahonorar.«

September 1960. Große Konferenz der Neutralen in Belgrad.
Zwei Freunde sitzen im Café und unterhalten sich.
»Eine große Sache!« sagt der eine und schlägt auf die Zeitung.
»Was für eine Sache?«
»Die ganze Welt gibt sich in Belgrad Rendezvous!«
»Ach so? Wer ist denn da?«
»Zum Beispiel Frau Bandaranaike!«
»Wer ist Frau Bandaranaike?«
»Die Witwe von Herrn Bandaranaike.«
»Na und?«

»Das weißt du nicht? Der war Präsident von Ceylon und ist ermordet worden, und sie führt das Ganze jetzt weiter!«
»Na, und wer ist noch da?«
»Nehru!«
»Wer ist Nehru?«
»Der größte Neutrale! Ministerpräsident von Indien!«
»Aha. Und sonst?«
»Nkrumah!«
»Wer soll das wieder sein?«
»Du bist doch wirklich ein Ignorant! Der größte afrikanische Führer!«
»Nie gehört.«
»Nasser!«
»Was ist mit dem?«
»Präsident der Vereinigten Arabischen Republik! Ägypten!«
»Du brauchst nicht so zu schreien. Ich hab' dich schon verstanden.«
»Sogar ein Kaiser ist hier! Haile Selassie!«
»Wo soll der Kaiser sein?«
»Kaiser von Abessinien! Negus-Negesti!«
»Wenn schon!«
»Liest du denn überhaupt keine Zeitung? Du bist doch das größte Hornvieh, das mir je untergekommen ist!«
Der andere springt wütend auf und fragt seinen politisch gebildeten Freund:
»Und kennst *du* Sima Simić?«
»Sima Simić? Nein. Nie von ihm gehört.«
»Siehst du! Den müßtest *du* kennen! Denn der schläft mit deiner Frau!«

Tito, Ranković und Kardelj sind auf Inspektionsreise kreuz und quer durch Jugoslawien. Sie besuchen ein Kinderheim, finden alles wunderbar und spenden hunderttausend Dinar für den weiteren Ausbau.
Danach besuchen sie ein Spital. Auch dort ist alles prächtig. Sie spenden eine Million Dinar.
Schließlich besichtigen sie ein Gefängnis. Ohne mit der Wimper zu zucken, bewilligt der Innenminister Ranković fünf Millionen Dinar für die Modernisierung der Anstalt.
Tito und Kardelj sehen ihn verwundert an.
»Für das Kinderheim haben wir hunderttausend gespendet«, sagt Kardelj, »gut. Für das Spital haben wir eine Million gespen-

det. Gut. Aber warum gleich fünf Millionen für das Gefängnis?«
Ranković stellt die Gegenfrage:
»Glaubt ihr, wir drei kommen noch einmal ins Kinderheim?«

Belgrad. Das oberste Wirtschaftsgremium tagt. Ein Genosse erhebt sich und fragt:
»Wie können wir den Kapitalismus wirksam bekämpfen?«
Zum Wort meldet sich der Genosse Jovanović und sagt: »Die Sache ist ganz einfach. Wir müssen unseren Export in die kapitalistischen Länder erhöhen. Und zwar werden wir nicht landwirtschaftliche Güter exportieren, keine Industrieartikel und keine Rohstoffe, sondern, Genossen: unsere Direktoren!«

Was ist der Unterschied zwischen einem Optimisten und einem Pessimisten?
Der Optimist lernt russisch.
Der Pessimist lernt chinesisch.

In einem Belgrader Kaffeehaus bestellt ein Gast:
»Einen Tee, bitte.«
»Bitte sehr«, sagt der Kellner. »Wünschen Sie einen russischen oder einen chinesischen?«
»Dann lieber einen türkischen Kaffee.«

Tito erklärt seinem Außenminister Popović:
»Endlich hat Jugoslawien *die* Chance seiner Geschichte!«
»Was für eine Chance?«
»Es wird zum Pufferstaat!«
»Zwischen wem?«
»Zwischen der Sowjetunion und China!«

Meeting auf dem Land. Der Propagandist spornt die Bauern an:
»Wir müssen ganz einfach mehr arbeiten, Genossen! Und wenn wir uns anstrengen, wenn wir uns wirklich anstrengen, im Schweiße unseres Angesichts, wenn wir alle Reserven mobilisieren, wenn wir all unsere Kräfte voll einsetzen – dann wird es uns im Sozialismus eines Tages genauso gut gehen wie im alten Jugoslawien!«

Frau Direktor Pavlović kommt gerade vom Einkaufen nach Hause und beklagt sich bei ihrem Mann über die allgemeine Teuerung.

Direktor Pavlović legt die Zeitung weg, grübelt kurz und sagt: »Gut, gehen wir der Sache systematisch nach. Nenne mir ein konkretes Beispiel: Was ist teuer? Was hast du heute Teures gekauft?«
»Zucker! Ein Kilo dreihundert Dinar!«
»Na und? Kauf ein halbes.«

Der jugoslawische Außenminister Popović ist in Washington. Kennedy empfängt ihn.
»Was verdient ein amerikanischer Arbeiter im Durchschnitt?« fragt Popović.
»Zwischen siebzig und hundertzwanzig Dollar in der Woche.«
»Und was braucht er zum Leben?«
»Zwischen dreißig und fünfzig Dollar.«
»Und was macht er mit der Differenz?«
»Das geht uns nichts an. Amerika ist ein freies Land. – Und bei Ihnen in Jugoslawien? Was verdient ein Arbeiter wöchentlich bei Ihnen?«
»Zwischen drei- und siebentausend Dinar.«
»Und was braucht er zum Leben?«
»Zwischen fünf- und zehntausend Dinar.«
»Und woher nimmt er die Differenz?«
»Das geht uns nichts an. Jugoslawien ist ein freies Land.«

Man muß nicht unbedingt verrückt sein, um ein Zionist zu sein, aber es hilft.
Chaim Weizmann

Mut ist eine besondere Weisheit: Die Weisheit, das zu fürchten, was man fürchten soll, und das nicht zu fürchten, was man nicht zu fürchten braucht.
David Ben Gurion

Eines Tages bekommt Kohn den Musterungsbescheid. Er hat keine besondere Lust einzurücken und geht zu seinem Freund Blau, um sich bei ihm zu beklagen.
»Niemand kann dich zwingen einzurücken«, sagt Blau. »Du könntest ja krank sein.«
»Aber mir fehlt gar nichts«, antwortet Kohn, »ich bin kerngesund.«
Darauf Blau: »Weißt du was? Sag einfach, du siehst nichts. Stell dich blind!«
Als Kohn zur Musterung kommt, tappt er umher wie ein Blinder. Er rennt gegen geschlossene Türen, verirrt sich in den Keller und muß wieder geholt werden. Bei der Untersuchung durch den Augenarzt, einen Stabsarzt, erkennt er keinen einzigen Buchstaben, ja, er sieht nicht einmal die Tafeln. Er wird hinausgeführt und als untauglich nach Hause geschickt.
Zur Feier des Tages geht er am Abend ins Kino. Plötzlich bemerkt er, daß neben ihm der Stabsarzt sitzt. Geistesgegenwärtig springt er auf, beugt sich zum Stabsarzt und sagt:
»Entschuldigen Sie bitte, Fräulein, bin ich hier richtig im Autobus nach Tel Aviv?«

Der israelische Ministerrat tritt zusammen, um über die schwierige Wirtschaftssituation zu beraten. Der Wirtschaftsminister unterbreitet seinen Plan:
»Ich sehe keinen anderen Ausweg, als den Vereinigten Staaten von Amerika den Krieg zu erklären. Natürlich verlieren wir den Krieg, dann gibt uns Amerika Kredit zum Wiederaufbau, und es wird uns genauso gut gehen wie den Deutschen!«

Alle Minister finden den Plan ausgezeichnet, nur der Kriegsminister meldet Bedenken an:
»Und was machen wir, wenn wir den Krieg gewinnen?«

Tafel im Hof einer israelischen Kaserne:
»Es ist verboten, dem General Ejzes zu geben!«

Manöver. Die Soldaten erhalten Befehl, einen Fluß zu durchwaten, da angenommen wird, daß die Brücke gesprengt sei. Zum Zeichen dessen ist an der Brücke eine Tafel angebracht: »Brücke gesprengt!« Alle Soldaten stürzen sich in den Fluß und waten, das Gewehr über dem Kopf, durch das Wasser. Nur Kohn schlendert gemütlich über die Brücke.
Der Hauptmann schreit ihn an:
»Sind Sie wahnsinnig? Die Brücke ist doch gesprengt! Was machen Sie da?«
Darauf Kohn:
»Ich schwimme!«

Kohn und Blau werden der Marine zugeteilt. Sie müssen vor einer Kommission erscheinen, werden ausgefragt und von Tisch zu Tisch geschickt. Ein Offizier fragt Kohn unter anderem: »Können Sie schwimmen?« Darauf Kohn zu Blau: »Was hab' ich dir gesagt? Nicht einmal Schiffe haben sie!«

Kohn und Blau kommen zur Fallschirmtruppe. Bei der ersten Übung werden ihnen Fallschirme umgeschnallt, und der Feldwebel erklärt ihnen, worum es geht:
»Das Ganze ist höchst einfach«, sagt er. »Ihr steigt jetzt in die Transportmaschine, und sobald das Flugzeug zweitausend Meter Höhe erreicht hat, springt ihr ab. Also los!«
Die beiden wollen schon in die Maschine klettern, da fällt Kohn etwas Wichtiges ein, und er wendet sich noch einmal um: »Wir haben alles verstanden, Herr Feldwebel«, sagt er. »Aber sagen Sie uns bitte noch, wie man den Fallschirm aufmacht.«
»Auch das ist ganz einfach. Da rechts haben Sie eine Schnur, wenn Sie daran ziehen, geht der Fallschirm auf. Geht er aber nicht auf, dann haben Sie links noch eine Schnur, an der ziehen Sie. Dann geht der Fallschirm ganz bestimmt auf. Sollte er aber wider Erwarten auch dann nicht aufgehen, dann finden Sie hier am Rücken einen Knopf, den müssen Sie aufmachen. Daraufhin geht der Fallschirm hundertprozentig auf. Sie sind also dreifach

gesichert, es kann gar nichts passieren. Wenn Sie unten ankommen, wird Sie ein Jeep erwarten, der Sie zum Gefechtsstand bringt. Alles klar?«

»Jawohl, Herr Feldwebel!«

Das Flugzeug erreicht zweitausend Meter Höhe, und die beiden springen ab. Sie ziehen an der rechten Schnur: der Fallschirm geht nicht auf. Sie ziehen an der linken Schnur: der Fallschirm geht auch nicht auf. Sie machen den Knopf am Rücken auf, der Fallschirm öffnet sich noch immer nicht. Die beiden sausen wie Steine zur Erde nieder.

Dicht nebeneinander.

Da ruft Kohn seinem Freund Blau zu:

»Du wirst sehen, der Jeep steht auch nicht unten!«

Ein französischer und ein israelischer Ingenieur unterhalten sich miteinander.

»Wir bauen gerade einen Tunnel durch den Montblanc«, sagt der Franzose. »Zu gleicher Zeit fangen wir von beiden Seiten an zu bohren. Wir haben ein Elektronengehirn, das die Arbeit steuert. Ich schließe jede Wette ab, daß die beiden Röhren bis auf ein Tausendstel Millimeter Genauigkeit zusammenstoßen werden.«

»Wir haben zwar kein Elektronengehirn«, sagt der israelische Ingenieur, »aber auch wir bauen einen Tunnel am Toten Meer, und auch wir fangen gleichzeitig von beiden Seiten an.«

»Was ist aber, wenn die zwei Röhren nicht zusammenstoßen?« fragt der Franzose besorgt.

»Was soll sein? Dann haben wir zwei Tunnels!«

Zu Anfang der fünfziger Jahre besuchte der Präsident des neuen Staates Israel, Dr. Chaim Weizmann, die Vereinigten Staaten von Amerika. In Washington wurde er von Präsident Truman empfangen.

Im vertraulichen Gespräch beklagt sich Truman über die ungeheure Bürde, die ihm als Staatsoberhaupt eines Volks von 180 Millionen Menschen auferlegt sei. Darauf Weizmann:

»Was für Schwierigkeiten können Sie schon haben – als Präsident von 180 Millionen? Schau'n Sie mich an! Ich bin Präsident von einer Million Präsidenten!«

Während seiner Amerikareise besucht Dr. Chaim Weizmann auch Albert Einstein. Weizmann läßt sich die Relativitätstheorie

erklären. Er kommt noch einmal. Er kommt ein drittesmal. Bei seiner Rückkehr wird Dr. Weizmann interviewt und natürlich auch nach seinen Begegnungen mit Einstein befragt.
»Was halten Sie von der Relativitätstheorie? Was halten Sie von Einstein?« fragen die Journalisten.
»Ich glaube, er versteht etwas davon.«

Die Superbombe ist gefallen.
Glück im Unglück: sie ist in den Stillen Ozean gefallen. Die Welt atmet auf.
Plötzlich kommt die Hiobsbotschaft: In acht Tagen wird die ganze Erde unter Wasser stehen; das haben Wissenschaftler in Amerika und Rußland berechnet. Der Papst erläßt eine Enzyklika: Gläubige, strömt in die Kirchen, beichtet, harrt im Gebet der letzten Stunde!
Die evangelischen Bischöfe in aller Welt erlassen einen Aufruf: Evangelische Christen, greift zur Bibel!
Der Oberrabbiner von Jerusalem verkündet: Wir haben acht Tage Zeit zu lernen, wie man unter Wasser lebt!

Kleines Nachspiel

Der Meister sprach: »In der Frühe die Wahrheit vernehmen und des Abends sterben: das ist nicht schlimm.«
Kungfutse

Die chinesischen Scharfrichter sind stolz auf ihre Virtuosität.
Einer von ihnen prahlt vor seinem neuesten Opfer:
»Ich werde das Schwert so führen, daß du nicht einmal etwas merkst!«
Der Delinquent schüttelt skeptisch den Kopf.
»Wetten wir?«
Die Wette wird abgeschlossen.
Im nächsten Augenblick schon sagt der Scharfrichter:
»Erledigt! Hast du etwas gespürt?«
»Nein. Was sollte ich auch spüren?«
»Nick mal!«

Verhaltungsmaßregeln für den Atomkrieg:
Wenn die Bombe gefallen ist, ist es zweckmäßig, ein Bad zu nehmen, sich mit einem frischen weißen Leinentuch zu umhüllen, gemessenen Schritts das Haus zu verlassen und langsam, ganz langsam in Richtung Friedhof zu gehen.
Warum langsam?
Damit keine Panik entsteht!

Sie sehen, Madame, es fehlt mir nicht an Gründlichkeit und Tiefe. Nur mit der Systematik will es noch nicht so recht werden. Als ein echter Deutscher hätte ich dieses Buch mit einer Erklärung seines Titels eröffnen müssen, wie es im Heiligen Römischen Reiche Brauch und Herkommen ist. Phidias hat zwar zu seinem Jupiter keine Vorrede gemacht, ebensowenig, wie auf der mediceischen Venus – ich habe sie von allen Seiten betrachtet – irgendein Zitat gefunden wird; – aber die alten Griechen waren Griechen, unsereiner ist ein ehrlicher Deutscher, kann die deutsche Natur nicht ganz verleugnen, und ich muß mich daher noch nachträglich über den Titel meines Buches aussprechen.

Madame, ich spreche demnach:

I. Von den Ideen.
  A. Von den Ideen im allgemeinen.
    a) Von vernünftigen Ideen.
    b) Von unvernünftigen Ideen.
      1. Von den gewöhnlichen Ideen.
      2. Von den Ideen, die mit grünem Leder überzogen sind.

Diese werden wieder eingeteilt in – aber das wird sich alles schon finden.
Heinrich Heine: Ideen, Das Buch Le Grand. 1826

Der Witz, zumal der politische Witz, der in einer Diktatur erzählt wird – dort gedeiht er am besten –, hat mehrere Aspekte: einen psychologischen, einen sprachlich-künstlerischen und einen historischen. Die Aussagekraft des Witzes ist so groß, daß man den Versuch unternehmen könnte, mit Hilfe einer Reihe von Witzen eine ganze Epoche darzustellen.
Der Tatsache, daß in diktatorisch regierten Staaten der Witz einmal verboten und einmal in gewissen Grenzen erlaubt wird, läßt sich entnehmen, daß er auch von den Machthabern als Aussage gewertet wird. Diese Aussage pflegt so präzis zu sein, daß man an jedem Witz ablesen kann, unter welchen Umständen und zu welchem Zeitpunkt er entstanden ist.

»Was gibt es Neues, Reb Jankel? Was schreibt Ihr Sohn?«
»Ach, danke der Nachfrage: nichts Gutes. Seine Frau ist ihm gestorben; drei Kinder hat sie zurückgelassen; aber jetzt hat er nur noch zwei, denn der einzige Sohn ist krank geworden und

auch gestorben. Er hat ein Haus besessen, das ist abgebrannt. Sein Laden ist beim letzten Pogrom geplündert worden, und was davon noch übriggeblieben ist, ist keine zehn Kopeken wert. Ihm ist buchstäblich nicht mehr geblieben als das Hemd auf dem Leib. Es ist traurig, sehr traurig. Aber ein Hebräisch schreibt er, sag ich Ihnen – ein *Vergnügen* zu lesen!«

Sagt man: jüdischer Witz, so meint man nicht Witze, die in Wien, Berlin oder Budapest von Juden gemacht worden sind, sondern die Witze, die aus dem jüdischen Getto im zaristischen Rußland stammen. Was Reb Jankel dem Fragesteller erzählt, umreißt vollständig die Situation der Juden im damaligen Rußland: die drückende Armut und die Verfolgung, der sie ausgesetzt waren. Aber nicht nur das. Ein besonderes Merkmal des jüdischen Witzes ist, daß er seine Urheber selbst karikiert. Diese Selbstironie hat eine wesentliche Funktion. Mit ihrer Hilfe wehrt sich der Erzähler gegen das Unglück, das ihn betroffen hat. Mit dem Witz überwindet er die Not und die Angst und sein Verlorensein in der Welt.

Ein Jude namens Rabinowitsch reist einmal mit einem falschen Paß. Darin heißt er Rubinstein. Als er zur Grenze kommt, wird ihm der Paß abgenommen, und der Kontrollbeamte fragt ihn:
»Wie heißt du?«
Der Jude hat in seiner Zerstreutheit und Erregung vergessen, auf welchen Namen der Paß ausgestellt ist. Er kratzt sich verlegen den Kopf und antwortet:
»Also Rabinowitsch heiß ich bestimmt nicht!«

Auch in dieser Geschichte spielt die Selbstironie die bestimmende Rolle. Ohne sie würde der Funke fehlen, der das Lachen entzündet. Wo starke Gefühle mitspielen – gleich, ob Liebe, Haß oder Mitleid –, ist schwer lachen. Man darf nicht mittendrin sein, man muß außerhalb stehen und das Leben wie ein Schauspiel betrachten. Menschen, die Witze machen, erheben sich über die Situation, entfernen sich von sich selbst. Sie machen ihr Leben zur Komödie und sich selbst zu komischen Figuren, über die sie zu lachen vermögen. Insofern ist der Witz eine Waffe des menschlichen Geistes, mit der er gegen die Umwelt kämpft, die ihn bedroht.
Am direktesten ist diese Funktion beim politischen Witz. Erinnern wir uns an die zahlreichen Witze, die im Dritten Reich

kursierten, so können wir zusammenfassend sagen, daß sie alle dazu dienten, die Machthaber lächerlich zu machen und damit den Betroffenen Trost und Stärkung zu verschaffen.

Goebbels soll im Rheinland sprechen. Er nimmt den Nachtzug. Vor Magdeburg kommt der Schaffner in sein Abteil und verlangt die Fahrkarte.
»Hören Sie mal, ich habe in der Eile meinen Freifahrtausweis vergessen – aber Sie wissen doch, wer ich bin!«
»Tut mir leid!«
»Ich bin Doktor Goebbels!«
»Das kann jeder sagen!«
»Sie müssen mich doch aus der Zeitung kennen!« schreit Goebbels. »Menschenskind, die ganze Welt kennt mich! Mein *Gesicht* allein ist ein gültiger Fahrtausweis!«
Der Schaffner betrachtet ihn eingehend, dann sagt er: »Angenommen, es stimmt, was Sie sagen: aber dann dürften Sie noch lange nicht mit einer Fahrkarte dritter Klasse in der ersten fahren!«

Brief einer Berliner Arbeiterfamilie an ihre Verwandten im Ausland:
»Uns geht es gut. Hitler führt uns einer besseren Zukunft entgegen. Fritz, der das Gegenteil behauptet hat, wird morgen beerdigt.«

Die Reaktion der Diktatur ist je nach der augenblicklichen Situation verschieden. Es hat Zeiten gegeben, in denen einer, der einen Witz über Hitler oder Stalin gemacht hat, dafür sein Leben lassen mußte.

In einem Konzentrationslager ruft ein SS-Führer einen Häftling zu sich.
»He, du! Komm her! Hör zu: ich habe ein Glasauge. Wenn du errätst, welches es ist, dann kannst du wieder an deine Arbeit gehen. Wenn du es aber nicht errätst, dann ist das deine letzte Minute. Also welches ist das Glasauge: das rechte oder das linke?«
»Das linke, Herr Kommandant!«
»Wieso hast du das erraten?«
»Es blickt so gütig!«

Solche Witze machen Menschen, die wissen, daß sie der allgegenwärtigen Gefährdung nicht entrinnen können. Man könnte also sagen, daß der Mensch sich mit Hilfe des Witzes aus seinen als unangenehm empfundenen Bindungen befreit.
Sobald ein diktatorisches Regime sich ernstlich bedroht sieht, empfindet es den Witz als tödliche Waffe. In den Erfindern und Kolporteuren des Witzes sieht es Feinde, die vernichtet werden müssen. Wenn das Regime sich sicher im Sattel fühlt, oder wenn es sich auf gewissen Gebieten zu Konzessionen gezwungen sieht, läßt es die Zügel lockerer und gestattet Freiheiten, die es zu anderen Zeiten aufs schärfste verfolgt hat. Derartige Erscheinungen gab es in der Sowjetunion der zwanziger Jahre, unmittelbar nach dem Zweiten Weltkrieg und in der sogenannten Tauwetterperiode. Von solchen Lockerungen profitiert das gesamte Kulturleben, vor allem aber die Literatur und besonders die Satire.

»Haben Sie schon gehört? Die *Prawda* hat ein Preisausschreiben für die besten Witze gestartet:
Erster Preis: Zwanzig Jahre.«

Dieser Witz muß in der Tauwetterperiode entstanden sein. Die Freiheit der Kritik, die vorübergehend angeblich gewährt wurde, war trügerisch. Es durfte zwar Kritik geübt werden, aber nur an sogenannten Auswüchsen, nicht an den Grundsätzen; und aus dem Bewußtsein, daß diese Freiheiten jederzeit rückgängig gemacht werden konnten, stammen diese Witze. Ihr Hintergrund sind trübe Erfahrungen. Um so bitterer ist das Lachen.
Sigmund Freud sagt zu diesem Thema, daß der Humor nicht nur etwas Befreiendes habe, sondern auch etwas Sublimes und Erhabenes, also Eigenschaften, die dem intellektuellen Bereich innewohnen. Das Intellektuelle ist ja der Triumph des Ichs, das sich unverwundbar erhalten will. Es lehnt ab, sich durch äußere Wirklichkeiten unterdrücken zu lassen; es wehrt sich gegen Eingriffe der Außenwelt, und durch diese Umkehr gewinnt es ihnen sogar Lust ab. »Im Falle der Gefahr«, sagt Freud, »zieht sich das Ich zurück und läßt sich vom Über-Ich bewachen, was auch eine Abwehr gegen körperliche Schmerzen ist. Das Über-Ich enthält das Erbe der väterlichen Instanz, es hält nämlich das Ich unter strenger Hand, so wie Eltern ihre Kinder.«
Nach Freud wäre es also das Über-Ich, das den Witz hervorbringt; mit anderen Worten: das Ich begibt sich mit Hilfe des

Witzes auf eine höhere Stufe, von der aus es die Möglichkeit hat, auf sich selbst herunterzusehen. Das Ich spaltet sich hierbei in einen Beobachter und in das Objekt, das beobachtet wird. Ein ähnlicher Prozeß findet statt, wenn der Mensch anfängt, über sich selbst nachzudenken. Man hat ihn ein Tier genannt, das denkt. Man kann ihn aber, nach Henri Bergson, auch als ein Tier bezeichnen, das lacht.

Warum lacht man eigentlich? Zweifellos überlegt man nicht, bevor man anfängt zu lachen. Es gibt Situationen, in denen man nicht lachen sollte, und trotzdem lachen muß: wenn zum Beispiel jemand auf der Straße ausrutscht; eigentlich sollte man um ihn besorgt sein, aber meist muß man im ersten Augenblick einfach lachen, ob man will oder nicht.

»Das Lachen geht ganz von allein los und pariert ganz von selbst Stoß auf Stoß«, sagt der französische Philosoph Henri Bergson. »Es hat keine Zeit, jedesmal nachzusehen, wohin es trifft. Es straft gewisse Fehler beinahe so, wie eine Krankheit gewisse Exzesse straft ... Es gehört zu den Dingen, die sich auf natürlichem Weg regulieren und nicht durch bewußte Überlegung. Im Gesamtresultat wird vielleicht das richtige Maß von Gerechtigkeit zutage treten, aber nicht immer im einzelnen Fall.«

Das Lachen kritisiert Auswüchse und Unzulänglichkeiten – auch Auswüchse der Macht, der man unterworfen ist. Von diesem Anlaß zum Lachen lebt die ganze Schelmenliteratur und die Satire überhaupt. In Gullivers Reisen zum Beispiel wird der Außenseiter zum Normalmenschen, die Gesellschaft dagegen wird entweder als lächerliches Zwergenvolk oder als furchteinflößendes Riesenvolk dargestellt. Hier richtet sich das Lachen also gegen die Gesellschaft und gegen ihre Ordnung. Dasselbe Phänomen findet man etwa auch in einem Chaplin-Film. Der Zuschauer lacht über Chaplin, weil er ihn komisch findet. In Wirklichkeit aber hat der Komiker die ganze Zeit über den Zuschauer ausgelacht, weil er seine Eigenheiten – die Eigenheiten des durchschnittlichen Zeitgenossen – ad absurdum geführt hat. Nicht der Komiker ist die Zielscheibe des Spotts, sondern die Gesellschaft.

Natürlich gibt es auch Anlässe zum Lachen, die weder eine gesellschaftliche Funktion haben noch sich gegen irgendeine Gesellschaft richten. Denken wir nur an die Geschichten, die als surrealistisch bezeichnet werden. Die Amerikaner, augenscheinlich die Erfinder dieser Art Geschichten, nennen sie shaggy dog stories.

Botanischer Garten. Ein Spaziergänger wirft ein Stück Holz in den Teich. Sein Hund läuft über die Wasserfläche und bringt es zurück. Darauf ein verblüffter Zuschauer:
»Donnerwetter! Der Hund läuft ja auf dem Wasser!«
»Was wollen Sie? Er kann nicht schwimmen.«

Im Kino. Neben einer Dame sitzt ein Bär. In der Pause steht er auf und geht für einige Minuten hinaus. Ein Zuschauer, der hinter der Dame sitzt, beugt sich vor: »Verzeihung. Traue ich meinen Augen? Ihr Begleiter ist ein Bär?«
»Allerdings, mein Herr. Er ist ein Bär.«
»Und der Film interessiert ihn?«
»Das werde ich gleich erfahren. Der Roman hat ihm jedenfalls sehr gefallen.«

In einer Bar erscheint zu später Stunde ein Gast und bestellt einen doppelten Whisky. Der Kellner serviert, der Gast nimmt das Glas und schüttet den Whisky weg. Dann ißt er das Glas auf. Nur den Stiel läßt er übrig. Darauf zahlt er und geht. Ein anderer Gast fragt:
»Pst! Herr Ober! Haben Sie gesehen, was der Mann gemacht hat? Ich verstehe das nicht!«
»Ich auch nicht«, antwortet der Ober. »Das Beste läßt er stehen!«

Eine kleine Bar in Texas. Der Barkeeper unterhält sich mit den Gästen über die guten alten Zeiten. Plötzlich ein schrecklicher Krach: Ziegel poltern, ein Motor dröhnt, die Kühlerhaube eines Lastwagens kommt durch die Wand. Der Chauffeur winkt den Barkeeper herbei.
»Hallo, Sie! Eine Packung Zigaretten, bitte!«
Der Barkeeper bedient den Chauffeur. Der Lastwagen ruckt wieder an und fährt im Rückwärtsgang hinaus. Der Rest der Mauer stürzt ein. Die Gäste stehen verdattert da, und einer fragt:
»Und das alles wegen ein paar Zigaretten?«
»Ja«, sagt der Barkeeper, »merkwürdig, sonst nimmt er immer Zigarren.«

In diesen Geschichten ist kaum etwas von Kritik zu entdecken. Sie richten sich gegen niemanden. Das Lachen wird nur durch die überraschende Pointe ausgelöst. Ehe man sie aber als Blödeleien abtut, die erheitern, aber weiter keinen besonderen Sinn haben, sollte man sich noch ein bißchen mit dieser Art Witz beschäftigen. André Gide sagt in seinem letzten Buch, *So sei es:* »Nichts ist weniger übertragbar als Lachen oder doch der Reiz, den es hervorruft. Es ist zwar ansteckend wie Gähnen, aber das ist ganz und gar nicht dasselbe. Ich bin für die Komik der Geschichten, die in Amerika, glaube ich, *hot-dogs* genannt werden, sehr empfänglich. Ich habe versucht, selbst welche zu erfinden. Versucht's einmal: Ihr werdet sehen, daß es gar nicht so leicht ist, obwohl sie alle von der gleichen Art sind, nämlich das Paradox an die Stelle der Wirklichkeit setzen.

Wie diese Geschichten entstehen, wie sie sich dann verbreiten, ist mir ein Rätsel. Sie bleiben anonym und sind mehr Teil einer Art Folklore, worin das Genie eines Volkes ans Licht tritt, als daß darin etwa die bewußte Leistung einer Privatperson sichtbar würde.« Nun dürften diese Geschichten wirklich nicht so unabhängig von jeder Tradition sein, wie sie auf den ersten Blick scheinen. Denn auch im Märchen sprechen ja die Hunde, die Bären und die Wölfe, man klettert gläserne Berge hinauf und fliegt über Städte und Meere hin. So könnte man in diesen Geschichten ein modernes Äquivalent des Märchens erblicken, eine Art Kurzmärchen, das nur ins Paradoxe und Ironische spielt. Mehr noch, man kann in ihnen auch den Hang entdecken, die Genormtheit und Perfektion unserer modernen technisierten Welt aufzuheben, indem man gewisse Gegebenheiten auf den Kopf stellt: der Bär liest Romane. Auch viele moderne Witzzeichnungen beruhen auf ähnlich paradoxen Einfällen, beispielsweise Zeichnungen von Saul Steinberg und Paul Flora. Wir können in dieser Neigung zum skurrilen Witz und zum Paradox eine Haltung des Geistes erblicken, der sich gegen die überorganisierte Umwelt zur Wehr setzt, und so ist es auch kein Zufall, daß diese Art Geschichten gerade in Amerika, dem technisch fortgeschrittensten Teil der Erde, entstanden sind.

Als im Jahr 1918 ein amerikanischer Soldat per Ozeandampfer aus dem großen Krieg nach Hause fuhr, fiel ihm an einem verschwiegenen Ort ein vollständiges Exemplar der *Times* aus dem Jahr 1904 in die Hände. Da es ihm auf der Reise langweilig war, las er die Zeitung von A bis Z durch. Als er im New Yorker Hafen an Land ging, lief ihm ein struppiger Hund zwischen die Beine. Der Veteran griff sich an den Kopf, zerrte die alte *Times*

aus der Tasche und fand nach einigem Suchen das Inserat, an das er sich beim Anblick des Hundes erinnert hatte.
»Struppiger Hund entlaufen. Ehrlicher Finder erhält Belohnung. B. Smith, 187 Bond-Street, London SW3.« Ohne lang zu überlegen, lief er dem Hund nach und fing ihn ein. Er kaufte sich von seinem ersparten Sold eine Schiffskarte und fuhr nach London zurück. Aber Mr. Smith wohnte nicht mehr im Haus 187 Bond-Street.
»Mr. Smith«, sagte man dem Soldaten, »ist schon vor zwölf Jahren nach Liverpool verzogen.«
Schnurstracks fuhr der Soldat nach Liverpool.
»Mr. Smith? Vor sieben Jahren nach Edinburgh verzogen!«
Der hartnäckige Soldat reiste nach Edinburgh. Dort erfuhr er, daß Mr. Smith vor drei Jahren nach Dublin übersiedelt war. In Dublin sagte man ihm, daß Mr. Smith wieder in London, Bond-Street, wohne, allerdings im Haus Nr. 185. Dort endlich fand er den Gesuchten und sagte:
»Ich komme wegen des Hundes.«
»Wegen welchen Hundes?«
»Ich habe Ihre Anzeige gelesen. Hier!« und der Soldat zeigte das Inserat in der *Times* von 1904.
»Ah, sehr gut. Wo ist der Hund?«
Der Soldat öffnete die mitgebrachte Reisekiste, und bellend sprang der Hund heraus. Mr. Smith betrachtete den Hund genau, dann sagte er: »Ein sehr netter Hund, aber leider nicht mein Jerry. Der war struppiger.«

In dieser Geschichte wird eine Reihe technischer und gesellschaftlicher Einrichtungen ad absurdum geführt. Sicherlich war es eine der ersten hot-dogs, und vielleicht hat die ganze Gattung von ihr den Namen erhalten.

Ein Schnorrer kommt zum reichsten Mann der Stadt und klagt, er habe seit zwei Tagen keinen Bissen mehr gegessen. Der Reiche gibt ihm einen Gulden.
Ein paar Stunden später geht der Reiche in ein vornehmes Restaurant, und dort sieht er den Schnorrer behaglich am Tisch sitzen und eine Mayonnaise verzehren. Wütend geht er auf ihn zu:
»Dazu gehen Sie schnorren, damit Sie Mayonnaise essen können?«
»Das ist aber wirklich stark!« erklärt der Schnorrer. »Als ich

kein Geld in der Tasche hatte, *konnte* ich keine Mayonnaise essen, jetzt, wo Gott mir geholfen hat und ich einen Gulden bekommen habe, *darf* ich keine Mayonnaise essen? Sagen Sie mir, Herr, *wann denn* soll ich Mayonnaise essen?«

Ein Jude nimmt, wie es Sitte ist, an einem Freitagabend einen Armen aus der Synagoge als Sabbatgast mit nach Hause. Der Sabbatgast, ein alter Jude mit grauem Bart, folgt seinem Gastgeber; der bemerkt aber, daß ein junger Mann dem Alten nachgeht. Sie kommen zum Haus des Gastgebers, und der Alte tritt ein; der Junge nach ihm. Der Hausherr schweigt; er wird doch am Sabbat keinem Juden die Tür weisen. Man setzt sich zum Essen – auch der junge Mann nimmt Platz, wäscht sich die Hände und beginnt ebenfalls zu essen. Der Gast sagt den Segensspruch über den Wein, der junge Mann ebenfalls. Der Gastgeber sagt kein Wort.
Das Essen ist vorüber, das Tischgebet gesprochen. Der Alte und der Junge wollen gehen. Endlich faßt sich der Hausherr ein Herz und fragt den Gast:
»Wer ist eigentlich der junge Mann?«
»Der? Das ist mein Schwiegersohn. Er ist bei mir in Kost.«

»Der jüdische Witz, der echte«, sagt Willy Haas, »darf nicht verglichen werden mit dem deutschen Witz, dem französischen Witz, dem englischen, dem arabischen oder ich weiß nicht, mit welchem Witz. Der jüdische Witz kann nur verglichen werden etwa mit dem deutschen Volkslied, der französischen Kanzelrede des siebzehnten Jahrhunderts, dem arabischen Märchen und so fort – ja, er ist fast noch mehr. Er ist nämlich ein Stück Volks- oder Nationalleben in einem historisch entscheidenden Augenblick der völkischen Metamorphose. Er ist kein historisches Dokument, er ist nicht erzählte oder gesungene historische Tatsache; er ist diese Tatsache selbst. Er ist eben ein historisches Ereignis, das aber dem weitläufigen Begriff des historischen Ereignisses ins erzählte Wort entflohen, mit Leib und Seele erzähltes Wort geworden ist. Er ist etwas Weltgeschichtliches: der tragische Schritt des Talmudjuden aus der Schule, also der Synagoge, in die Welt der Tatsachen: in ein Familienheim, in dem der abstrakte Dialektiker wildfremd ist, ins Geschäft, in den russischen Staat.
Da ist vor allem immer wieder, in tausend versteckten, umgelogenen, unkenntlich gewordenen Varianten der arme, lin-

kische, weltfremde Schlemihl, der Talmudstudent, der Bocher, der Nebbich, der in die fremde Welt tritt und sich nun ein Menschenleben lang beweisen will, daß er gar nicht so weltfremd ist.«

Einem Rabbi, der durch seine Klugheit bekannt war, wurde einmal erzählt, ein Jude in der Stadt sei Hungers gestorben.
»Was heißt: Hungers gestorben?« fragte der Rabbi. »Er hätte doch zu mir oder zu euch oder zu sonstwem kommen können, und man hätte ihm etwas zu essen gegeben. Sogar ein Goj hätte ihm, wenn er darum gebeten hätte, ein Stückchen Brot gegeben.«
Darauf erwiderte man dem Rabbi, der Verstorbene sei einst ein angesehener Bürger gewesen, der später verarmt sei, und habe es nicht über sich gebracht, jemanden um etwas zu bitten.
»Ach so ist das?« sagte der Rabbi. »Dann ist er vor Stolz gestorben, nicht vor Hunger. Vor Hunger stirbt man nicht.«

Bezeichnend für die befreiende Wirkung des Witzes ist der Umstand, daß die Unterdrückten in verschiedenen Ländern, zu verschiedenen Zeiten und unter verschiedenen Formen der Diktatur ein und denselben Witz in jeweils den Umständen angepaßter Verkleidung erzählen. Ein Beispiel für ein solches Evergreen unter den Witzen ist der folgende, der im zaristischen Rußland entstanden ist, leicht verändert unter Hitler erzählt wurde und heute in allen Ländern hinter dem Eisernen Vorhang kursiert:

Aus einem Zirkus, der im Städtchen gastiert, ist ein Bär ausgebrochen. Tagelang entrinnt er allen Nachstellungen. Der Schaden, den er anrichtet, wird immer größer. Schließlich setzen die Behörden demjenigen eine ansehnliche Belohnung aus, der den gefährlichen Bären niederschießt.
»Es ist das beste, wir fliehen!« sagt ein Jude zum anderen.
»Warum?« fragt der andere. »Du bist doch kein Bär. Ich auch nicht.«
»Geh hin und beweis es ihnen!«

Obwohl es sich hier um einen Wanderwitz handelt – auf die Sowjetunion bezogen wird er mit Kaninchen und Giraffen erzählt –, charakterisiert er doch jedesmal die spezifische Situation.

Vom Witz, der in der Diktatur erzählt wird, kann gesagt werden, er sei das humane Gegengewicht jeder Propaganda, die ein Produkt der Machtapparate ist. So kommt es, daß der Witz in den dunkelsten Zeiten der Unfreiheit zur letzten Verteidigungswaffe des Geistes wird.
Stalin und Nikolaus II. treffen sich im Himmel. Der Zar fragt den Marschall nach allem, was sich seit 1918 in Rußland verändert hat.
»Habt ihr noch eine Armee?« fragt er.
»Sie ist stärker und ruhmreicher als je zuvor«, antwortet ihm Stalin. »Wir haben sechs Millionen Mann unter Waffen!«
»Und die Geheimpolizei? Gibt es die noch?«
»Ach, unser MWD ist viel besser als deine Ochrana.«
»Und habt ihr genug Kosaken, um Ruhe und Ordnung zu halten?«
»Unzählige Regimenter!«
»Und Wodka?«
»In rauhen Mengen!«
»Hat er noch immer vierzig Prozent?«
»Zweiundvierzig!«
»Sag, Dschugaschwili, hat sich das Ganze ausgezahlt, nur wegen dieser zwei Prozent Unterschied?«

Wie könnte man den Umschlag der kommunistischen Revolution, die zur Befreiung von Unterdrückten entfesselt wurde, in einen neuen Imperialismus knapper charakterisieren, als mit diesem Witz? Er erfüllt damit eine Aufgabe, die sonst dem Kunstwerk zugeschrieben wird, aber im Gegensatz zu den meisten Werken der Literatur ist er anonym wie Sagen und Märchen, die im Volk entstanden und erst später gesammelt und aufgeschrieben worden sind. Wie die Vorgeschichtsforschung darauf angewiesen ist, aus Sagen Rückschlüsse zu ziehen, kann der Augenblick kommen, da man genötigt ist, aus insgeheim verbreiteten Anekdoten und Witzen Rückschlüsse auf ein Zeitalter der offiziell sanktionierten Lüge zu ziehen. Dieser Augenblick ist gekommen, sobald die Wahrheit nicht mehr öffentlich verbreitet werden darf, sobald historische Daten und ganze Epochen aus den Lexika verschwinden und Biographien systematisch gefälscht werden. Will man unter diesen Umständen der Wahrheit nahekommen, muß man sich an die mündliche Überlieferung halten.
Der Witz ist eine spezifisch literarische Ausdrucksform. Mehr

als bei jeder anderen Geschichte konzentriert sich seine Wirkung auf den letzten Satz, auf die Pointe, zu der die ganze Erzählung unter Weglassung alles Überflüssigen hinstrebt. Die Pointe muß ebenso überraschend wie unauffällig begründet sein. Der Effekt, der daraus entsteht, ist ein durchaus literarischer Effekt, ähnlich demjenigen, der oft den Reiz einer Theaterszene oder einer Kurzgeschichte ausmacht.

Lenins Begräbnis. In der großen Menschenmenge kommt ein Jude aus Odessa mit einem Juden aus Kiew ins Gespräch.
»Wir haben einen großen Mann verloren!« sagt der Jude aus Kiew.
»Ein großer Mann?« ruft der aus Odessa. »Ein Genie!«
»Er hat Rußland gerettet!« sagt der aus Kiew.
»Nicht nur das! Er hat der ganzen Menschheit den Weg gewiesen!«
»Er hat also ein so prächtiges Staatsbegräbnis verdient!«
Der aus Odessa stimmt zu.
»Was, glauben Sie«, fragt er nach einer Weile sinnend, »kann dieses Staatsbegräbnis gekostet haben?«
»Keine Ahnung!« sagt der aus Kiew. »Aber ich schätze doch mindestens eine Million Rubel. Vielleicht auch anderthalb.«
»Was? Anderthalb Millionen Rubel? Für *das* Geld hätte man das ganze Zentralkomitee begraben können!«

Kominterntagung in den zwanziger Jahren. Der Delegierte der Eskimos hält eine Rede. Volkskommissar Radek tritt ans Rednerpult und übersetzt fließend ins Russische.
Danach hält der malaiische Delegierte eine Rede.
Radek übersetzt fließend.
Ein Brasilianer spricht. Radek übersetzt.
Ein Japaner spricht. Radek übersetzt.
Danach sprechen ein Araber, ein Ungar und ein Ire. Radek übersetzt jedesmal fließend.
Schließlich tritt ein Tagungsteilnehmer auf Radek zu und fragt ihn:
»Genosse Radek, ich kenne Sie als Sprachgenie; aber ist es denn tatsächlich möglich, daß Sie alle diese ausgefallenen Sprachen so vollkommen beherrschen?«
»Keine Spur!« sagt Radek.
»Wieso können Sie dann übersetzen?«
»Was können die schon sagen?«

Natürlich hat es gleich nach dem Sieg der kommunistischen Revolution eine Menge Witze über das Sowjetregime gegeben. Die meisten davon stammten aber aus dem Westen, oder sie kamen von seiten der Weißen und waren deshalb nicht immer geeignet, von den Sowjetbürgern selbst verstanden und belacht zu werden. Zu dieser Kategorie gehört etwa der Witz über das Begräbnis Lenins. Er ist vom Standpunkt des enteigneten Bürgertums erzählt, das nach außen hin gute Miene zum bösen Spiel macht, in Wirklichkeit aber die Revolution als Ganzes ablehnt; aus dieser Haltung versucht er die neuen Machthaber und die eigene Ängstlichkeit lächerlich zu machen. Der Witz über Radeks polyglotte Fähigkeiten dagegen stammt aus den Reihen des kommunistischen Parteiapparats. So bezeichnet dieser Witz die Phase der vollkommenen Gleichschaltung, die an Stelle der revolutionären Diskussion unter Gleichberechtigten trat.

Drei angebliche Trotzkisten sind zum Tode verurteilt worden. Der eine ist ein Pole, der zweite ein Tscheche, der dritte ein Jude. Alle drei werden nach ihrem letzten Wunsch gefragt. Der Pole sagt:
»Wenn ich erschossen worden bin, soll man mich verbrennen und meine Asche auf das Grab von Pilsudski streuen.«
Der Tscheche sagt:
»Auch mich soll man verbrennen und meine Asche auf das Grab von Masaryk streuen.«
Der Jude sagt:
»Sobald man mich verbrannt hat, soll man meine Asche auf das Grab von Stalin streuen.«
»Wieso?« wird er gefragt. »Stalin ist doch noch gar nicht tot!«
Darauf der Jude:
»Ich kann warten.«

Eine der wesentlichen Begleiterscheinungen der Stalinschen Industrialisierung und Zwangskollektivierung war die Massenvernichtung, der fast alle tatsächlichen und potentiellen Gegner zum Opfer fielen und die auch vor den prominenten alten Bolschewiken und den Spitzen der Armee nicht haltmachte. Führende Funktionäre ausländischer kommunistischer Parteien wurden zur Diskussion nach Moskau beordert und dort kurzerhand liquidiert. Ein riesiges Heer von Zwangsarbeitern wurde zur Erschließung wüster Gebiete in der Arktis und in Sibirien mißbraucht.

In einem politischen Seminar in Budapest fordert der Diskussionsleiter die Teilnehmer auf, Fragen zu stellen. Dabei sollen sie kein Blatt vor den Mund nehmen und frei von der Leber weg sprechen. Niemand traut sich jedoch, den Mund aufzumachen. Endlich erhebt sich der Genosse Fekete und ergreift das Wort:
»Ich habe drei Fragen zu stellen«, sagt er. »Erstens: Wo ist unser Weizen? Zweitens: Wo ist unser Aluminium? Drittens: Wo ist unser Uran?«
»Ich habe Ihre Fragen notiert«, sagt der Diskussionsleiter, »und werde sie in der nächsten Unterrichtsstunde beantworten.«
Das nächstemal fordert der Diskussionsleiter wieder:
»Zögert nicht, Genossen! Fragt mich ganz frei und ungezwungen, was ihr wollt!«
Niemand meldet sich, aber der Diskussionsleiter will unbedingt Fragen hören. Da erhebt sich der Genosse Vörös und ergreift das Wort:
»Nur *eine* Frage, bitte: Wo ist der Genosse Fekete?«

Wir wissen aus Erfahrung, welche große Bedeutung der Humor gerade in schweren Situationen hat. Es wird heute wohl nur wenige geben, denen nicht ein Witzwort in kritischen Augenblicken Erleichterung gebracht hat. Sigmund Freud bemerkt, daß der Witz imstande sei, dem Menschen selbst über körperliche Schmerzen hinwegzuhelfen.
»Es gibt nichts«, sagt der Schriftsteller Pierre Piobbe, »was ein intelligenter Humor nicht in Gelächter auflösen könnte – nicht einmal das Nichts.«

Ein Mann wird zum Tod verurteilt. Die Hinrichtung ist auf einen Montag angesetzt. Als der Verurteilte in den Hinrichtungshof geführt wird und den Galgen erblickt, wendet er sich zu den begleitenden Justizbeamten:
»Na, die Woche fängt ja gut an!«

Zwei Juden sind zum Tod verurteilt. Sie sollen erschossen werden. Kurz vor der Hinrichtung teilt man ihnen mit, daß sie nicht erschossen, sondern gehängt werden sollen.
»Siehst du«, wendet sich der eine zum anderen, »nicht einmal Munition haben sie mehr!«

Die Anlässe zu diesen Witzen sind tragisch. Ihre Erfinder und Erzähler machen sich über ihre eigene Ohnmacht lustig. Der

Witz bewährt sich hier als geistiges Ventil, als Wirkstoff gegen die totale Verzweiflung und als Regulativ zur Wiederherstellung des seelischen Gleichgewichts. Mehr noch, er verleiht dem Unterdrückten dem Unterdrücker gegenüber eine Position geistiger Überlegenheit.
In seinem Vorwort zu der Anthologie *Schwarzer Humor* sagt der französische Dichter André Breton, eines der wesentlichen Merkmale, nach denen man den Menschen von allen anderen Lebewesen unterscheiden könne, sei seine Fähigkeit, zu lachen. Er betont das befreiende Element des Witzes, das dem erlösenden Moment jedes Kunstwerks – bestehe es nun in Gelächter oder in der Katharsis – gleichzusetzen sei. Die Fähigkeit, Witze zu machen, unterscheidet aber nicht nur den Menschen von allen anderen Lebewesen, sondern auch den geistigen Menschen von seinen geist- und humorlosen Widersachern. Tyrannen haben keinen Humor – ebensowenig wie ihre sturen Gefolgsleute. Zum Humor gehören Freiheit, Individualität, Toleranz und Großzügigkeit, jenes Element der Urbanität, das den zivilisierten Menschen vom Barbaren unterscheidet.
Der Galgenhumor entspringt dem Bestreben des Geistes, den Tod abzuwehren und zu überwinden. Natürlich ist dieser Vorgang nicht bewußt, wie ja auch die Reaktion, das Lachen, nicht bewußt ist. Er hat aber seine Wurzeln in einer Haltung, die der menschlichen Unzulänglichkeit und der Vergänglichkeit trotzt.
Solange der Mensch lacht – über alle Bedrohungen, denen er ausgesetzt ist, über alle Einschränkungen, denen er unterworfen wird, und selbst über seine eigene Schwäche –, kann er nicht untergehen.

Die Herausgeber